MALDITO SEA EL HOMBRE QUE CONFÍA EN OTRO HOMBRE

José Fernando Parra Castellanos

jfparrac@unal.edu.co

Título del libro:

MALDITO SEA EL HOMBRE QUE CONFÍA EN OTRO HOMBRE

Escritor:
José Fernando Parra Castellanos

ISBN: 978-958-48-3050-0

Bogotá – Colombia, 2018

Diseño de portada:
Miguel Alexander Parra Castellanos.
diseno@magicplast3.com

Advertencia: aunque algunos de los hechos narrados aquí tengan alguna semejanza con la realidad, los personajes, la trama y el contenido corresponden única y exclusivamente a la imaginación del autor.

Agradecimientos:

A Dios, por todo mi proyecto de vida; a mi madre, a mi padre quien me inculcó el hábito de la lectura; a mis hijos porque son la razón de mí existir.

Índice

Prólogo

"Si quieres ser respetado por los demás, lo mejor es respetarte a ti mismo. Sólo por eso, sólo por el propio respeto que te tengas inspirarás a los otros a respetarte.

Dejadnos solos, sin libros, y al punto estaremos perdidos y llenos de turbación. No sabremos a qué considerarnos unidos, a qué adherirnos, qué amar o qué odiar, qué es digno de respeto y qué merece nuestro desprecio. Hasta los propios semejantes nos resultarían insufribles".
Fiódor Dostoyevski

Este libro relata los acontecimientos de un grupo de jóvenes que comparten características en común como: crecer carentes de vínculos afectivos adaptativos; luchar en un ambiente de violencia social, aferrados a la familia y amigos de infancia, como naufrago a su tabla, y existir con el deseo acérrimo de descubrir el sentido de la vida más allá de la supervivencia.

Este libro permite recordar esa realidad de los niños de los años ochenta, que intentan comprender lo incomprensible en un mundo polarizado y diverso, algunos de los cuales murieron víctimas de un conflicto que no les pertenecía; otros cuantos privados de su libertad ya sea por las adicciones, pasiones, rencores, necesidades insatisfechas, enfermedades mentales o por delitos cometidos, y esos otros tantos, que sobreviven aferrándose a la espiritualidad, la literatura y la academia, como posibilidad de entender el intrincado enigma del ser humano.

Agradezco al autor por resignificar nuestra niñez, en la cual no alcanzábamos a imaginar que nuestro pueblo era una muestra de la realidad difundida de nuestro país polarizado; que tendríamos que crecer anhelando un país tolerante e igualitario, y menos aún que seriamos nosotros unos actores en la búsqueda de disminuir la brecha de desigualdad imperante, y todo gracias a que tuvimos la posibilidad de elegir el camino de la educación, de los libros; que nos salvaron en ese punto del ciclo vital en el que se decide buena parte del futuro.

Gracias por abrir una ventana para recordar nuestra historia, por cumplir sueños y recordarnos que el único camino para confiar en el otro es confiar en nosotros mismos, edificándonos desde la racionalidad y trascendiendo a los afectos, para poder volver a confiar en un mundo donde se nos enseñó que: "maldito es el hombre que confía en otro hombre".

Con Aprecio y admiración.
Sonia Astrid Reyes Duarte

Mis hijos no son parte de esta guerra.

"Entre el periodismo light y el registro sin alma de los hechos, se está condenando al olvido una historia construida con las vidas de miles de colombianos"
Javier Darío Restrepo.

Doña Margarita pensó que una visita a su antigua casa sería suficiente para salvar la vida de su hijo Sergio. Imaginó eso después de escuchar al "Indio", su amante de turno y por quien había dejado a sus hijos y a su esposo. Este le dijo:
-A tu hijo lo van a matar, porque mató a un médico el sábado antepasado en el pueblo.

Debido a esta inquietante noticia, Margarita alistó una muda de ropa y en la siguiente madrugada emprendió el viaje a su antiguo pueblo, Cercados; donde estaba su anterior casa y vivían sus hijos. El viaje duró ocho horas en carro, por una carretera digna de una pista de rally.

Cuando llegó al pueblo caminó a la casa de sus hijos e intentó disimular el agotamiento que la acompañaba, porque su intención principal era hablar, especialmente con Sergio.

Durante el viaje recordó muchas cosas vividas con su hijos que eran: Rónal, Lina, Sergio, María Victoria y Martín, los dos primeros de diferente padre y los tres últimos, hijos de su conyugue Demetrio, a quien en el pueblo todos lo conocían como Gutiérrez.

Recordó a Rónal, su primer hijo que ya había muerto; trajo a la mente sus múltiples amantes, aquellos con los que compartió incluso después de convivir con su esposo oficial que, aunque vivieron mucho tiempo juntos, nunca contrajeron nupcias.

Al llegar a la casa, golpeó mientras recordaba que se había marchado un año antes a vivir con El Indio, y había dejado su hogar sin importarle que los hijos menores aún fueran muy niños, y que en medio de llanto, ellos le rogaban que no los dejara. Recordó que se marchó por amor y no le importó que Gutiérrez le suplicara y le prometiera tenerla siempre como a una reina.

Cuando sonaron los tres golpes en la puerta, Sergio miró por la ventana del segundo piso. Su tronco asomaba por la parte inferior del postigo pero sus manos estaban abajo del muro donde terminaba la ventana. Doña Margarita intuyó que él, por la forma como se asomó, estaba prevenido y tenía un "juguete de matar" en su mano.

Cuando Sergio la vio, gritó:
-Mamá, bendición.
-Hola hijo, Dios te bendiga.

Una vez Lina escuchó la voz de su madre, abrió la puerta rápidamente y la abrazó sin importar el dolor y la rabia que aún guardaba en su corazón, porque no había sido fácil aceptar su partida. Lina comprendía que era su mamá y no importaban los errores que había cometido. La felicidad de verla nuevamente en su hogar era más grande que cualquier pensamiento de rencor o resentimiento.

-Hola mami. Bendición.
-Hija mía, Dios te bendiga, ¿cómo estás?
-Bien, aquí cuidando a mi padre que, a veces se pone enfermo, ahora no está, se encuentra trabajando en la caseta. Pero sigue mamá, ¿cuéntanos cómo te ha ido?
-Bien, en Bucaramanga tengo una venta de comida y de ahí saco mi sustento, ¿y cómo están ustedes?
-Aquí todo dentro de una "supuesta normalidad", hoy es jueves y Sergio no ha vuelto a salir a la calle desde el sábado antepasado, y los demás están en sus quehaceres diarios: Martín y María Victoria en el colegio.
-Y tú, ¿estás bien? ¿Tienes trabajo?
-Sí señora, yo trabajo en las noches con mi papá en la caseta.

En ese momento bajó Sergio, se había tomado unos dos minutos arriba mientras intentaba peinarse, ponerse un pantalón y unas zapatillas Adidas stabill, ya que estaba en su habitación en bóxer, viendo televisión y con su revolver 38 Smith and Wason debajo de la almohada.

-Hola mamita, ¿cómo estás?- le dijo Sergio a Margarita mientras la abrazaba y besaba su mejilla.
-Bien hijo, un poco cansada; esa carretera para llegar aquí parece eterna. ¿Y tú que me cuentas Sergio?
-Nada mamá. Aquí en casa, mientras soluciono un pequeño problema que tengo. Ya después, todo volverá a la normalidad y seré el de siempre.
-Ese "pequeño problema", como lo llamas, es la causa de mi visita. Vengo porque no quiero que te pase nada. Te queremos mucho y eres el varón de la casa; recuerda que tu hermano Martín es un niño y tu padre está enfermo.
-A mí no me va a pasar nada, tú crees que me voy a dejar matar de algún bribón de esos paracos. Además yo no maté al médico, como están diciendo. Fue Pin Pon quien mató al galeno.
-Hijo, eso sólo lo saben tú y Pin Pon, el chisme que hay es que al potrero entraron ustedes con el doctor.
-Si mamá, entramos los tres, ya le habíamos quitado la plata, el celular y le habíamos vaciado la cuenta bancaria, pero cuando lo íbamos a dejar botado en el potrero, Pin Pon me dijo que le prestara mi revolver. Le pregunté que para qué, y me dijo que se lo entregara. Pensé que le iba a hacer un tiro a los pies, pero resultó disparándole en el tórax. Quedé aturdido y sólo recuerdo que vi al médico respirar con dificultad y botar bocanadas de sangre por su boca, no pude hacer nada por él. Después de eso Pin Pon me devolvió el revólver. No estuve de acuerdo pero, tampoco le dije nada.
Margarita se quedó pensando, no sabía qué decir, pero en los 22 años que había convivido con su hijo, lo conocía y era evidente que no mentía. Mientras que Lina servía dos cremosos cafés y algunas rosquillas, le pidió a Sergio que le contara qué más había pasado el sábado.

-En este pueblo que se llenó de matones, andan diciendo que te van a matar. Pero no creo que sea por la muerte del médico, porque Pin Pon, en medio de sus continuas borracheras, ya le habrá contado a alguno que fue él quien disparó, además cuentan que el sábado pasado él estuvo bebiendo toda la noche y parte del domingo en el bar "Mi cariño", pero tú eres objetivo de algún asesino de esos, así como lo fue Rónal, de quien no quiero recordar su muerte. ¡Dime por favor!, ¿qué más pasó?

-Te cuento mamá, no pasó nada raro. Ese sábado, fuimos al baile en el barrio Urapán, yo estaba con Ibeth, ¿te acuerdas de ella? Pues bailamos, tomamos y luego la dejé en la casa y me devolví para el baile, porque allá estaba mi amigo Pin Pon. Así aconteció todo, sólo que cuando iba a dejar a mi chica en la casa, me tropecé con un paraco al que le dicen Eduardo, y tuvimos un roce, pero igual eso no significa nada.
-¿Cómo así Sergio? ¿Qué significa un roce? ¿Tropezarse, empujarse, golpearse, o qué?
-Pues es un tipo arrogante, pedante, y piensa que por cargar una 9 milímetros en su pretal puede andar tratando mal a la gente. Simplemente estábamos cruzando por la parte sur del barrio y como ese andén es angosto, cuando íbamos pasando ambos por el pasillo nos tocamos por los hombros, yo no tenía mala intención, me giré y le dije: qué pena. Pero cuando le dije así, intentó sacar su 9 del cinto pero, antes de que lo consiguiera yo ya le tenía el 38 en la frente, de modo que no lo dejé reaccionar.
- ¿Y qué hizo él?
-Me dijo que lo matara, porque de lo contrario él me iba a matar, pero yo no lo maté. Estaban cerca algunas personas del baile que se salían a ese pasillo a orinar, de modo que no quería boletearme. Él es un pobre desgraciado que no es capaz de hacerme nada.
-Hijo, es un paraco, y a ellos no les da miedo matar a nadie.
-Madre, Eduardo es un cagado, parece que no guarda rencor a nadie, es un matoncito por mandado, pero por iniciativa propia no es capaz de matar. Yo lo conozco.
-¿Por qué dices eso hijo?, ¿qué tanto lo has tratado?
-Sólo ese día lo traté, pero estuve en el estadio el día que Hiena le pegó, ¿te acuerdas de Hiena?, el amigo de Rónal,

que también es amigo mío. Resulta que una tarde, cuando Cercados jugaba fútbol en el estadio contra Pamplona, Eduardo, sin conocerlo, le pegó a Hiena. Ese día había mucha gente en la tribuna: estaban Linares, Mandarino, Suricato, Pin Pon, Chitos, Los Monos, entre los conocidos, y de un momento a otro Hiena, desde la tribuna, analizando una jugada del partido dijo que era falta, entonces el tipo entró con el brazo abierto y le pegó al defensa. Eduardo que estaba sentado al lado de Hiena dijo: ¿Cómo así?, y le pegó un golpe en la cara, él aprovechó que Hiena estaba descuidado. Fue en ese momento mamá, cuando Hiena le respondió con una serie de puños, todos al rostro y a la cabeza de Eduardo. Fue necesaria la intervención de Suricato y de Mandarino, para detener a Hiena y evitar que lo acabara a golpes. Con Pin Pon, vimos todo y nos dimos cuenta de lo que está hecho Hiena, y la clase de miedoso y abusivo que es Eduardo. Por eso creo que él no es capaz de meterse conmigo.

-No sé hijo. Quiero que te vayas conmigo a Bucaramanga, quiero tenerte a salvo de este ambiente de bandidos que se respira en este pueblo. Vámonos, así como se han ido muchos de tus amigos. Así como se fue Hiena.
- Tómese el café mamá. Y hablemos de otras cosas. Ya tendrán ustedes mucho tiempo para hablar- dijo Lina.
-Mira mamá- continuó Sergio -que ese Hiena era bastante loco. ¿Te acuerdas que cuando éramos niños y vivía al frente de nosotros en la casa de la virgencita, la casa que tenía una virgen encima, allá vivía con el padrastro y la mamá, y ella todos los días le pegaba? Nosotros compartíamos y jugábamos mucho cuando había vacaciones, principalmente los tres con Rónal, él quería mucho a Hiena.
-Si hijo, Hiena también quería mucho a Rónal, mientras él no consumiera vicio. Hiena siempre fue un gran amigo de él, una vez Rónal empezó a probar vicios, Hiena se le alejó.

Después de hablar de Hiena, Margarita guardó silencio y mientras observaba el cremoso café y los roscones traídos de la panadería "Es mi pan", pensaba que como todo en el pueblo, nada cambiaba, los panes serían iguales, las mismas porciones de azúcar, la misma cantidad de mantequilla y los mismos gramos de harina incorporados en esos productos. Meditaba que así como nada cambiaba en el pueblo, sus hijos tampoco, seguirían siendo los mismos niños, pero no era así.

Margarita se perdió en sus soliloquios mientras sus hijos la miraban. Después de unos pocos minutos, Lina rompió el silencio y le preguntó:
-¿A qué te dedicas en Bucaramanga?, ¿dónde tienes la venta de comida?
-Mija, tal cual como estábamos acá con Demetrio, una venta de arroz, papas, carne, chorizos y limonada, porque allá en ese calor la gente toma mucha limonada, es lo que más se vende. Mi negocio funciona en la avenida Quebrada Seca con 21. En el andén monto el carrito todas las noches, y llegan los conductores de taxis, colectivos urbanos y algunos buses intermunicipales que se quedan en los hoteles que tiene ese sector, ellos son mis clientes. Muy pocas mujeres van a comer ahí. Ellas son un poco más refinadas y prefieren entrar a restaurantes donde el glamour y la etiqueta sean la premisa, para saber que -al final- van a ir a besar y a acostarse con los hombres que han comido en ventorrillos callejeros. Definitivamente la vanidad del ser humano es tan efímera que les dura muy poco tiempo. A los que más les persevera, les dura una vida para terminar enterrados en el mismo sitio de todos. En el tiempo que llevo, sólo unas dos o tres mujeres han ido a comer a mi caseta.
-¿Te va bien?- preguntó Sergio.
-No me puedo quejar, pues con el trabajo de la venta de comida me defiendo.
-Todavía vives con el Indio- prosiguió Lina.
-No te metas en lo que no te importa- inquirió Sergio- mi mamá es dueña de hacer con su vida lo que se le dé la gana, no empieces a preguntar lo que no quieres saber, ¿o acaso te gustaría que mi mamá te preguntara con cuántos hombres te has acostado?

En ese momento Lina iba a hacer su moción, pero la mamá no se lo permitió.

-¡Se callan los dos!- dijo la señora y con una subida en su tono de voz paró la conversación.

-Hija aún vivo con él y sabes que no me gusta que andes preguntando esas cosas, eso es problema mío y de nadie más.

-Mamá, es muy raro verte aquí con nosotros- inquirió Sergio mientras sumergía el roscón dentro del espumoso café.
-No digas eso, ustedes saben que los quiero mucho.
-Es que te fuiste y eso no lo entiendo. Yo no siento amor por ninguna mujer, sólo por ti, pero no sé por qué nos abandonaste. Hay cosas que uno no entiende. Pensé que el amor de una madre por sus hijos era más grande que el amor que pudiera sentir por un hombre, pero veo que en tu caso pasa lo contrario, porque es más grande el amor que sientes por el Indio. Todas las noches, desde que te fuiste, pensé que habíamos hecho algo malo, sé que tal vez hemos sido malos hijos, pero no creo que lo suficiente como para que te fueras. Siempre he tratado de no sentir culpa por tu partida, pero veo que cada vez es más difícil. Tú no sabes cómo te hemos extrañado. María Victoria y Martín preguntan por ti constantemente. Martín lloraba todos los días, hasta ahora tiene once años, es muy niño y no le he podido hacer entender lo que yo tampoco entiendo, que te fuiste porque te enamoraste de un tipo. Mi papá te trataba como a una dama, tal vez fue eso lo que te aburrió, que él no fuera el atarbán desgraciado al que están acostumbradas las mujeres. Que fuera fiel y tierno te aburrió, nada más, ojalá el Indio no te pegue nunca, porque si lo hace ya sabe cómo arregla conmigo.
-No sigas con eso Sergio, él me trata muy bien, y me fui del lado de tu padre porque se me acabó el amor, tal vez cuando vivas con alguien mucho tiempo, lo podrás entender.
-Mamá, no sé qué hay que entender, yo tengo a Ibeth, ella se muere por mí, pero igual se muere por Suricato. Un día de estos la voy a poner a decidir entre él y yo.

El ambiente se puso un poco tenso. Reinó un silencio absoluto y los tres interlocutores callaron. Todo se fue en sorbos de café y roscones, tal vez el hecho de que el café se estuviera enfriando hizo que la discusión se detuviera para degustar la bebida caliente.

La casa en la que vivían los Gutiérrez era una de las pocas en las que habían durado más de un año, pues tenían como costumbre cambiarse por lo menos una vez cada año. Eran puntuales con los pagos del arriendo, pero los arrendadores sentían miedo de las posibles maldades que realizaran los muchachos, por esta razón no era fácil que les arrendaran. De varios sitios donde vivieron fueron echados debido a las juergas organizadas por Rónal que eran secundadas por todos los hermanos y amigos mientras los padres se dedicaban a la venta de comida que, normalmente, duraba activa hasta después de la media noche. Eran tan astutos los hermanos Gutiérrez, que tenían todo calculado y -unos 15 minutos antes de que el reloj de la catedral marcara la una de la mañana- paraban sus rumbas y los mayores se iban para el parque central del pueblo a seguir con la diversión y los más pequeños se quedaban en la casa. Algunas veces los padres al llegar de trabajar encontraban botellas vacías de trago, cajetilla de cigarrillos, residuos de tabaco y algunas veces de hachís. Debido a esto los Gutiérrez empezaron a sospechar que algo andaba mal.

Pero antes de llegar a las sospechas por parte de Demetrio y doña Margarita, ya habían ocurrido miles de cosas que ellos no imaginaban que hacían sus hijos ahí. Lina, quien ya tenía 23 años, cuando se tomaba unos tragos y entraba en calor, sus hormonas le pasaban una cuenta de cobro por los licores ingeridos y terminaba en la cama con alguno de los amigos de sus hermanos, generalmente el que estuviera más cerca de ella, y cuando había varios, ella escogía quién sería el elegido de la noche y le pedía que la acompañara al segundo piso a fumarse un cigarrillo, de modo que los asistentes a las rumbas sabían que debían llevar los respectivos látex porque podían ser escogidos por la princesa de la noche para un rato de lujuria y fornicación.

María Victoria, quien tenía 15 años, había seguido los pasos de su hermana, y fue a la cama con dos o tres de los amigos de Rónal, pero se enamoró perdidamente de Suricato y éste la invitaba a su casa. Desde que se enamoró ella no volvió a consumir licor con los amigos de su hermano, pero una vez empezaban las rumbas salía a deambular por las calles o a buscar a Suricato entre la gente para que la llevase al cuarto a vivir lujuria desmedida en un ambiente diferente al de borrachos y marihuaneros que había en su casa. De modo que la ventaja que tenían los Gutiérrez sobre sus padres era muy grande.

La casa de los Gutiérrez había sido construida con arquitectura un poco extraña: al entrar quedaba una sala y varios sofás distribuidos de modo que todo aquel que se sentara dirigiera su mirada hacia el televisor; tenía quince metros de profundidad por seis de ancho, y entrando estaba la sala, que también hacia las veces de comedor, y posterior a esta, estaba la cocina, estos dos recintos estaban unidos por un arco que permitía el paso de loza de una parte para otra, pero no el paso de personas. Había un pasillo central que atravesaba la casa en sentido norte sur, a través del cual estaban distribuidas las puertas de la cocina y una habitación contigua en el costado occidente; por el costado oriente habían dos habitaciones más y sus puertas una junta a la otra separadas por un muro de ladrillo macizo característico de toda esa zona de Colombia. En el piso de abajo vivía sólo Demetrio. Había otros dos cuartos que fueron de los que se marcharon, uno de doña Margarita quien vivía allí pero no compartía habitación con Demetrio y el otro del niño hijo de Rónal, a quien lo habían dejado con los abuelos y que Margarita había llevado para Bucaramanga, porque no soportaba dejarlo solo, sin una madre que lo cuidara.

En el piso superior estaban tres habitaciones, una de Lina, otra de María Victoria y Martín, y la de Sergio. La unidad familiar se había deteriorado un poco desde la partida de Margarita. Cada uno vivía en un mundo donde el único objetivo era sobrevivir a la soledad, a la pobreza, a los sentimientos de culpa, a la sociedad indiferente y asquerosa que cada día les tocaba tratar. Los primeros síntomas de cáncer empezaban a aparecer en Demetrio, quien veía que la vida se le había acabado desde el día que se marchó la mujer con la que quería envejecer.

Margarita se perdía en sus soliloquios por momentos, luego volvía a recordar el objetivo de su visita: llevarse a su hijo Sergio. Alejarlo de esa caterva de bandidos que lo rodeaban, porque no quería que le pasara lo mismo que a su hijo Rónal, que lo habían matado de una manera muy cruel. La muerte de él había sido algo muy atroz, fue una tortura y ella no quería volver a vivir algo parecido.

-A Rónal lo mató Pedro- dijo Sergio -y ya lo tengo referenciado, está en la cárcel modelo de Bucaramanga, el día que salga lo voy a matar. Una vez pueda solucionar todo y volver a salir a la calle, mi objetivo será Pedro. Por mí no te preocupes que a mí nunca me podrán torturar, no me bajo el fierro para nada y cuando necesite usarlo… ¡lo haré!, no me podrán llevar a ninguna parte, si me matan me matan en donde me encuentren.

-Hijo mío, has cometido muchos errores, el del médico no es el único, puede que no lo hayas matado pero igual estuviste y lo mataron con tu arma. Eso lo debe saber la policía, y si no han venido a buscarte es porque ya debieron cuadrar a alguien para que te mate. Igual tienes el problema de ese mismo sábado con Eduardo, y así digas que no fue capaz de hacerle nada a Hiena, a ti si te puede matar, es un gatillero de poca monta, pero igual tirador. ¡Vámonos para Bucaramanga!, allá estaremos tranquilos. Me ayudas con la venta de comida y vivimos tranquilos.
-Escúchame bien mamá. Yo no me voy para Bucaramanga porque no soporto al indio y el día menos pensado termino prendido con él. Además, acá tengo a Ibeth, y aquí no me va a pasar nada, entiéndelo mamá, aquí no me va a pasar nada. Igual Pin Pon me respalda, y él no me va a dejar que me pase nada.

-De él es quien más te tienes que cuidar, porque te puede traicionar. Por favor hijo, vámonos- balbuceó Margarita, a lo cual asintió Sergio:
-Mamá, recuerda cuando éramos unos niños, cuando vivíamos en la casa frente a donde vivía Hiena, que tú y mi padre se prendían en riñas y nosotros -siendo unos niños- llorábamos sin compasión; desde esa época, hace trece años, me acuerdo que mi papa te alegaba porque tenías amoríos con otros hombres, no te voy a juzgar, pero así como no te juzgo, tampoco me vengas a juzgar a mí por lo que hago o no, eso es cosa mía.

En ese instante, entró don Demetrio, a quien se le hizo muy raro ver a su exesposa en la casa. Él sufría todos los días por la ausencia de ella, pues aún la quería. Al acercarse la vio tan hermosa como el día que la conoció y reconoció que el sacrificio que hizo por tener una mujer tan bonita a su lado había sido en vano, pero igual quedaban tres hijos de aquel idilio. Al mirar el cuerpo de su antigua esposa le pareció que aún seguía muy esbelto, era tan linda como sus hijas Lina y María Victoria.

Una vez Demetrio interiorizó la presencia de Margarita en la casa, la saludó como lo hacía antes de que se fuera.
-Hola Margarita, ¿cómo estás?
-Bien Demetrio, aquí hablando con Sergio.
-Yo ya hable con él, pero no me quiere escuchar, está necio y reacio a irse a vivir a otra parte. Anda obsesionado por Ibeth y además, dice que su vida no es más.

Una corazonada se apoderó de Margarita y no sabía qué hacer. Un desespero por la inminente muerte de su hijo le hizo reventar en llanto, así que se arrodilló ante él y le suplicó que viajara con ella, le dijo que lo hiciera por todo lo que le había tocado sufrir para criarlos y dejarlos grandecitos.

Sergio con la frialdad y la indolencia que había desarrollado por todas sus vivencias y que ahora era característico en él, reiteró: -Yo me quedo en Cercados, es que mi vida ya no es la misma.

Margarita se recompuso, respiró de manera interrumpida para tratar de parar su llanto y recuperar su voz. Miró a su hijo, temiendo lo peor y le dijo:
-Está bien hijo, como dice la biblia: "s*on tus palabras las que te condenan, y tu boca atestigua contra ti*", cuídate mucho y por favor aléjate de Pin Pon.

Margarita tomó el bolso para irse y mientras se secaba las lágrimas, se dio cuenta que Lina y Demetrio también estaban llorando, pero Sergio no tenía ningún cambio en su rostro. Se despidió y salió de la casa porque, ya eran las seis de la tarde y en una hora saldría la última flota para Bucaramanga.

UNA GUERRA PRESTADA

*"De esta guerra sucia, injustificable, son
responsables muchos más colombianos que los
25.000 combatientes ilegales que la libran".*
Mauricio Aranguren Molina

Los amaneceres en Cercados no variaban mucho, el sol se
asomaba por detrás de los cerros de la cordillera oriental en
Santander; la sensación de frío ayudaba para que todos se
mantuvieran en calma y antes de las siete de la mañana
todo era tranquilo, pues los colegios ya estaban en clase y
una aparente paz reinaba. El viejo Carlos, comerciante de
profesión, era muy trabajador y bastante puntual para abrir
su negocio, todas las mañanas a la misma hora -con la
ayuda de sus empleados- abría las puertas de su depósito,
puertas de hojalata que se enrollaban hacia arriba. Desde
hacía 30 años ese era el negocio más próspero del pueblo.

La tranquilidad que se respiraba en el negocio de Carlos,
una mañana se alteró, cuando el transportador Pérez llegó,
no precisamente a comprar un producto.
-Don Carlos, necesito hablar con usted a solas. Le traigo
una razón de mis camaradas.
-No hay problema, siga a la oficina.
-Mis camaradas le mandan decir, que a partir de hoy usted
tiene que aportar 70 millones de pesos mensuales para la
guerra.
-Eso es injusto, yo no puedo.
-Setenta es lo que necesitamos, si quiere que su familia siga
viva y no se les dañe la tranquilidad, colabore- sentenció
Pérez.
-Pero me toca darles 40 mensuales, mi negocio no produce
tanto. No puedo darles toda esa plata. ¿De dónde la voy a
sacar? Lo máximo que les puedo dar es esos 40, si quiere
aquí están los libros contables. Si en la guerrilla hay algún
contador tráigalo y le muestro mis números, para que vean
que no puedo darles toda esa plata.

-Vea viejo guevón- siguió Pérez -a mí no me importa, hoy usted me da los cuarenta de costumbre, y dentro de un mes vengo por la nueva tarifa.

-Yo no puedo con todo eso.

-A mi, usted no me va a mentir, si no los paga, ya sabe para dónde se van usted y toda su familia. ¿Le queda claro?

-No, no me queda claro. Esto es injusto y si no se conforman con los 40 no les doy nada.

 -Pues es cosa suya, usted ya sabe cómo es conmigo.

Una vez dichas estas palabras, Pérez salió de la oficina y observó el depósito de Carlos que era bastante amplio. Cruzó ante la mirada indiferente de los diez empleados, y salió del almacén sin dar las gracias y despedirse. Luego visitó los establecimientos comerciales más grandes del pueblo, con el fin de anunciar el reajuste del aporte para financiar la guerra. Informó en cuánto había quedado la tarifa, pero ninguno de los comerciantes estuvo de acuerdo; ellos consideraban que no era justo trabajar y ganarse la plata honradamente, para que unos desocupados, se la llevaran.

Después de la desafortunada visita, el viejo Carlos, que era un comerciante honesto que se destacaba por ser amable con todas las personas y justo como jefe, quedó intranquilo y se la pasó toda la tarde paseando en su negocio de sur a norte y viceversa. En su recorrido analizaba en detalle la abundante sección de licores que había, y que era muy poca comparada con la que tenía en bodega, recordaba cómo en temporadas navideñas esa sección se desocupaba y se volvía a llenar hasta tres veces generándole grandes ganancias. Miraba también cada uno de los víveres, y pensaba que por más ganancia que generaran, su negocio no alcanzaba a producir setenta millones.

En su desespero, llegaba a su oficina, miraba todo en orden, observaba los libros contables que ningún guerrillero se animaba a repasar y que él revisaba continuamente, pensaba que no se justificaba perder esa cantidad de dinero, pues la plata que se llevaba la guerrilla nunca la volvería a ver.

Carlos estaba cansado, pensaba mucho en su tranquilidad y la de su familia, le preocupaban las continuas amenazas de Pérez, a quien empezaba a odiar con todas las ganas de su existencia. En su desespero, le venía una idea a la cabeza, pero no la podía expresar a nadie porque, era tan peligrosa como no pagar la vacuna a la guerrilla.

El silencio del viejo Carlos hizo que sus empleados sospecharan que algo tramaba, pero no sabían qué, ellos se miraban mientras empezaban a llegar los primeros clientes y el supermercado entraba en la dinámica diaria y las actividades matutinas aparentaban estar en normalidad.

Chapatín era otro comerciante del pueblo, dueño del almacén que era reconocido en Cercados por haber sido el primer autoservicio de víveres, que tenía una amplia variedad de productos, y atraía a muchos infantes por el gran surtido de golosinas importadas, dulces rellenos y con nombres poco comunes para la época. Chapatín, inteligente para los negocios había instalado, junto a las tres cajas de pago, las góndolas surtidas de golosinas porque eso atraía a los niños que entraban con sus padres a hacer mercado, y estos al momento de pagar resultaban cediendo a los deseos, antojos y caprichos de sus hijos. Había ubicado después de los dulces los productos de paquete: papas, plátanos, chicharrones, y las mezclas de estos que las empresas hacían en búsqueda de captar la atención de los posibles consumidores, y más al fondo del almacén en el primer pasillo, tenía muy bien exhibida la sección de licores, y al respaldo la sección de leches. En el segundo pasillo ubicó los víveres; en el tercero los productos de aseo, y al final del supermercado, en modernos congeladores, exhibía los productos de frío.

El comerciante Chapatín observaba con nostalgia todo lo que había construido en su vida ahorrando cada peso que podía, y pensaba en que estaba a punto de perderlo todo gracias a una manada de aberrados que venían a cobrarle una vacuna para una supuesta guerra de la cual él no era partidario.

Ahora que poseía un gran capital para que sus hijos y su descendencia no fueran parte de la gleba, no entendía por qué tendría que aportar 70 millones mensuales, como le había indicado Pérez en su visita. Él consideraba que los guerrilleros eran unos vividores y terroristas que sólo querían vivir bien, tomando trago y llenando burdeles sin trabajar.

Ante su preocupación Chapatín no sabía qué hacer y su desespero se notaba en su silencio, ya que por naturaleza las palabras le fluían en cantidad. Ese día sus cinco empleados se cruzaban miradas y sabían que algo extraño sucedía, pero ninguno tocó el tema, ni siquiera en la hora del almuerzo. Ninguno pronunció palabra, igual el temor en ellos era parecido al de Chapatín, porque cualquier comentario, cualquier mala palabra podía comprometer sus vidas o las de sus congéneres.

El alcalde de Cercados, quien estaba muy al tanto de las extorsiones porque, también era amenazado y tenía que sacar parte del erario público para darle a la guerrilla, observaba el recorrido que realizaba Pérez por el pueblo, veía como entraba a los mejores negocios, a los más lujosos bares y tabernas del pueblo, y cómo con sus noticias cambiaba la tranquilidad de la gente. Él como alcalde pensaba que eso era inhumano, y no le parecía justo que la gente tuviera que trabajar para darle a los guerrilleros asesinos, quienes sembraban el miedo con las armas. «Ojala podamos hacer algo contra esta gente, que trabajen igual que todos nosotros, con eso habrá igualdad» pensaba. Pero ante esta situación, nada se vislumbraba como solución.

En los años 80 fue una guerrilla la que mandaba, y después fue la otra, pero las cosas no habían cambiado mucho, porque las dos seguían el mismo modus operandi: detener los mejores carros que pasaran por la carretera, grafitearlos con panfletos o tomarlos "prestados" para su uso, hasta que estuvieran dañados, y luego los devolvían en deplorables condiciones.

Los abusos de la guerrilla detenían el progreso del pueblo, al punto que por miedo la gente no compraba buenos vehículos, por esa razón en el pueblo sólo habían automóviles tipo Sedán y no habían camperos por temor a que la guerrilla se los llevara y los devolviera inservibles.

« ¿Por qué no comprarán sus propios carros?, con toda la plata que le sacan al pueblo deberían tener su propio parque automotor» pensaba el alcalde y se respondía: «Si traen sus propios carros, con lo chismosa que es la gente, al otro día todos sabrán quienes son los guerrilleros».

Sensaciones muy parecidas a las del alcalde, sentía el empresario del transporte Ramón, quien era dueño de dos buses de la flota "La Clase", que había sido fundada en Cercados en los años 70. A él hacía muy poco Pérez lo había visitado, y tras varias palabras intimidantes, le había comunicado la desagradable noticia que -para el siguiente mes- debido a que las cosas estaban pesadas para los camaradas, ya no pagaría 20, tendría que pagar 30 millones mensuales.

A Ramón lo indignó sobremanera, la nueva cuota, y bastante molesto afirmó que no podía pagar toda esa suma, que cuando era temporada de diciembre recibía buena plata, pero que, en temporada baja escasamente hacía para pagar el mantenimiento de los buses y los salarios de los chóferes.

Ante los reclamos de Ramón, Pérez le respondió:
-Eso no es problema mío señor. Usted aparte de tener buses, es prestamista, debe tener mucho dinero, simplemente pague para que la felicidad de su hogar no se altere. Así de sencillo.

-Entienda esto- asintió Ramón -no es posible pagar una cifra tan astronómica de extorsión, entienda que gracias a su guerrilla la gente no viaja por esta parte de Colombia, prefieren ir a Cúcuta por la carretera que pasa por Bucaramanga. Nadie viene porque tienen miedo, y no quieren ser víctimas de los robos y asesinatos que ustedes hacen en las famosas pescas milagrosas. Ustedes en cambio de trabajar por el progreso de nuestra región, andan buscando personas para secuestrar y extorsionar, y esto ha causado que nuestro pueblo se hunda en la miseria y en un regazo sin retorno.

-A mí no me importan sus palabras, no sé si tenga usted razón o no la tenga, yo sólo vengo a cobrar un dinero y a nada más.

-Pérez, usted no sabe, no es nadie y no tiene argumentos. Tal vez usted sea igual que toda su guerrilla, habla de revolución pero nunca se ha leído las teorías del capital de Marx, y mucho menos las palabras del padre Camilo Torres; ni siquiera me sostiene una conversación sobre los daños que ha hecho la guerrilla sobre esta parte de Colombia. Usted cree que una guerrilla así va a sobrevivir.

-Vea… yo no vengo a dialogar nada con usted, porque tampoco sé de lo que me habla, simplemente páguenos y dejamos así.

-Finalmente no es usted más que un vulgar ladrón, no tiene los cojones para matar a nadie pero extorsiona a nombre de unos asesinos de los cuales usted no sabe nada, no sabe los ideales que persiguen. No se da cuenta que son unos vagos desocupados que lo único que quieren es vivir tomando trago, llenando los pueblos de putas y viviendo como reyes. Llévese la plata, pero le aseguro que, tarde o temprano, se le acabará la buena vida que lleva, no porque yo lo mate, simplemente porque alguien en algún momento le va a decir… ¡basta!

Pérez se quedó pensando, pero sus reflexiones llegaban a que iba a recoger una plata y a tomar el porcentaje acordado con el representante de la guerrilla que pasaba, el día diez de cada mes, a su casa a recoger el dinero. De

modo que tomó la bolsa roja, sin contarla, la levantó y se despidió de Ramón, quien le dijo:
-¡Váyase! y ojalá, nunca vuelva. Maldito ladrón. Amigo de asesinos.

Cuando Pérez se fue timbró el teléfono de Ramón y al contestar una voz llena de ira -que él reconoció- le dijo:
-¿Qué vamos a hacer contra esa plaga de extorsionistas que nos roba? Esa gente no nos puede seguir jodiendo la vida.
-Viejo Carlos, pláceme saludarlo, se dice buenos días. Entiendo su rabia pero… ¿qué propone contra ellos?
-Matarlos a todos- dijo Carlos.
-No tenemos cómo, antes de que digamos algo esa plaga mata a nuestras familias. Esperemos a ver si hay alguien más inconforme que haga esa tarea por nosotros.

Valentín, que era alcalde de un municipio vecino a Cercados, también estaba desesperado por las extorsiones del emisario de la guerrilla y pensaba que debía buscarse una solución a eso. Él era buen lector y acababa de leer el libro de Mauricio Aranguren: "Mi confesión", y la lectura lo inspiraba en hacer algo, porque la quietud no era la solución y, según lo narrado por el autor, en otras regiones del país la gente se había organizado y alzado en armas para defenderse de los atropellos de la guerrilla, así que pensó que si la opción para salvar a su pueblo era esa, era oportuno contratar los servicios de los paramilitares que ya habían mostrado resultado en otros lugares del país.

Así que madurando su idea, Valentín llamó a Chapatín y le dijo:
-Chapatín, podríamos buscar a alguien que conozca a los paramilitares, los invitamos a venir a nuestra región y les pagamos lo mismo que le tenemos que dar a la guerrilla para que durante unos seis meses la ataquen y la acaben. Luego les pedimos que se vayan y dejen el control en manos de la fuerza pública.
-Sí, Valentín, ya es hora de que podamos terminar con ese martirio que nos azota. No es posible que se nos perpetúe el

trabajar para mantener esos aberrados que no quieren aceptar que esa guerra nunca la van a ganar, y que nosotros no tenemos por qué financiar una guerrilla de la cual no somos partidarios ni partícipes- dijo Chapatín.
-Listo, voy a conseguir los contactos- respondió Valentín - será cuestión de un par de meses para intentar contactarlos y reunirnos con ellos. Si puede, cuénteles a los demás comerciantes del pueblo y al alcalde de Cercados, a ver si ellos están de acuerdo, porque me imagino que van a pedir una cantidad considerable de dinero por venir, de modo que, sólo si todos aceptan y colaboran, los llamamos.

Un recorrido de Chapatín, por los mejores establecimientos comerciales fue suficiente para que, una vez expuesta la idea de llevar paramilitares, todos aceptaron en que se realizaran los contactos para cristalizarla.

Pocos días después, una visita a un reservista del Ejército llamado Omar, bastó para que Valentín empezara la cadena de contactos que facilitaría la llegada de paramilitares a la región que, según los comerciantes y hacendados, sería la salvación para ellos, sus familias y vecinos.

La visita a Omar dio como resultado el número del celular de Merengue, un antiguo soldado profesional que ahora estaba dedicado al paramilitarismo en el Catatumbo, y era quien tenía todos los contactos de la organización para que vinieran a poner en marcha la persecución y muerte de la guerrilla.

-Buenas tardes- dijo Merengue cuando contestó su celular.
-Buenas tardes Merengue, habla con Chapatín, Omar me dio su número y me dijo que lo había conocido en el batallón en Pamplona.
-Sí, ya me acuerdo. Cuénteme, ¿en qué lo puedo ayudar?
-Pues es para un asunto delicado, creo que es mejor que lo hablemos en persona, ¿será que nos podemos encontrar?
-Estoy en el Catatumbo, respetado amigo. Tocaría que fuera a Cúcuta y lo espero allá, porque hasta aquí no puede entrar.

-Está bien Merengue, ¿cuándo nos encontramos?
-Hoy es lunes, tocaría el domingo, porque entre semana me la paso ocupado- respondió Merengue.
-Listo, así quedamos, nos vemos el domingo en Cúcuta.
-Veámonos frente a la entrada principal del terminal, a la una de la tarde y mientras almorzamos hablamos.
-Así será- asintió Chapatín.

Como Chapatín era reservista del Ejército colombiano, sabía cómo hablarle a Merengue, quien antes era soldado profesional y ahora hacía parte de las filas del paramilitarismo, porque según él, se aburrió de tener que intentar respetar los Derechos Humanos en una guerra donde la guerrilla nunca los respetaba y eso les daba ventaja. El punto de quiebre para que pidiera la baja fue haberse enterado que un compañero suyo, había sido detenido y sindicado de asesinar a un guerrillero en estado de indefensión. En su momento se dijo que le propinó un disparo a menos de tres metros de distancia, volviéndole su caja torácica una sopa en la que las partes que quedaron, no se distinguían de qué órgano eran. Lo único que recordaba Merengue de aquella tarde, era que si el compañero no mataba al guerrillero, éste si lo hubiera matado con el cuchillo que llevaba en la mano.

«El Estado juzga a los soldados profesionales de ese modo; el sueldo es ínfimo a la hora de pensar en un abogado, y los militares viven con la zozobra de que en algún momento serán víctimas de un litigio en el cuál van a salir perdiendo», pensaba Merengue. Igualmente recordaba que varios de sus enemigos muertos en combate habían sido enterrados en el sitio en el que caían, pues sus cuerpos estaban tan destrozados que si salían a la luz pública tales muertes, no les alcanzaría la vida para estar en prisión pagando esos muertos, así que lo mejor era enterrarlos en medio de la selva, donde serían recordados únicamente en las borracheras de las cuales eran protagonistas cuando frecuentaban los burdeles de los pueblos. Esos muertos, simplemente se convertían en chismes que nadie quiere y a nadie le interesa confirmar.

Merengue, después de haber estado ocho años en las filas del Ejército, tomó la decisión de irse de la profesional. Esas barritas en su uniforme carecían de importancia a la hora de enfrentarse a un juez, de modo que decidió dedicarse a seguir su guerra contra la insurgencia con los paramilitares. Él no dudó en que sería bienvenido en ese grupo irregular y que ahí, podría eliminar guerrilleros sin que la legalidad le impidiera cohibirse de matarlos sin contemplación, porque guardaba tanto odio hacia ellos, que soñaba el día en que militarmente los pudiera destruir a todos.

En el lugar acordado se realizó la primera charla entre Chapatín y Merengue. Los dos llegaron a tiempo y mientras almorzaban, Chapatín comentó que los comerciantes estaban desesperados y quebrados económicamente por las extorsiones de los guerrilleros, de modo que necesitaban llevar paramilitares a esa zona para acabarlos y luego, dejar que Cercados y toda la provincia volviera a ser un sitio turístico y próspero para la región.

Tras escuchar detenidamente los reclamos y quejas, Merengue respondió:
-No es así de fácil, ¿ustedes si tienen el billete para eso?, hay que untarle la mano a mucha gente, usted sabe cuánto cuesta financiar la autodefensa en estas tierras. Solamente un negocio como el narcotráfico puede mantener un ejército irregular. Así que si ustedes tienen un buen capital para sostener eso, lo podríamos hacer, y tenga presente que es un proyecto que tarda mínimo un año, porque necesitamos enviar unos espías que hagan una lista de los primeros muñecos que caerán. Ustedes deciden, dígales a sus amigos comerciantes que necesitamos mínimo unos 150 millones de pesos mensuales.
-Hablaré con ellos- prosiguió Chapatín -igual creo que esa suma es mínima comparada con la que la guerrilla se nos lleva mensual, mire que solamente en Cercados la guerrilla recibe esa plata, ahora súmele lo que recogen en los demás pueblos.

-Igual, si eso se hace no lo haré yo- continuo Merengue -el que está mandando en esa zona es un sargento retirado del Ejército al que le dicen Dónal, pero igual, el sólo contesta llamadas de números conocidos. Yo lo puedo llamar para hacer una reunión con él y ultimar los detalles, pero sólo cuando ustedes estén seguros de que pueden pagar esa suma durante al menos un año.
-Está bien, vamos a reunirnos con todos y trataremos de reunir ese billete. Yo sé que todos estarán de acuerdo.

Para concluir la conversación, Merengue dijo:
-Entonces ese es nuestro convenio. Me avisa cuando vuelva por aquí, y por favor, ni se le ocurra decirme por teléfono algo comprometedor, recuerde que no estamos hablando de cuadrar un bazar de barrio. Hasta luego.

Mientras se retiraban, merengue recordó que había crecido en Cercados y que hacía más de quince años que no iba a ese pueblo. Recordó cómo había crecido en medio de la vagancia y la gaminería, jugando pintas, billar y micro futbol.

Chapatín viajó ese domingo en la mañana a Cercados, lo hizo temprano pensando en que se evitaría que el bus fuera detenido en algún reten ilegal de la guerrilla, y de paso evitaría recordar la complicada situación económica por la que pasaba debido a las extorsiones de estos forajidos. Pero no fue así, porque muy cerca del casco urbano de un pueblo la guerrilla apareció y los obligó a detenerse. Cuando el bus paró súbitamente, los cuatro pasajeros que viajaban se miraron asustados y compartieron la mirada de resignación sin mediar palabra debido al peligro inminente que corrían.

Un bandolero, que portaba un camuflado antiguo se subió al bus, y mientras se acomodaba su fusil Ak47 de fabricación israelí se presentó. Contó que ellos eran la guerrilla y que estaban haciendo un retén de control, así que era necesario que se bajaran para ser requisados.

Ante la tajante orden, los cuatro se bajaron del bus en silencio y con la cabeza agachada, solamente Chapatín, mientras cruzaba la puerta miró fijamente al guerrillero para saber si lo conocía. Cuando lo vio a los ojos lo identificó como un tipo de una vereda de Cercados al que nunca se le veía trabajando y se la pasaba en el pueblo para arriba y para abajo sin ninguna ocupación. Chapatín se sintió feliz de que el "Rolo", como lo llamaban, no lo hubiera identificado. Pensó en que ya tenía uno de los primeros victimarios de su monstruosa empresa, pues serían varios los que según él, debían caer para detener la cantidad de extorsiones que cada mes los empobrecían más.

Fueron requisados y los guerrilleros le preguntaron al conductor, quién era el dueño del bus, y él respondió: el señor Francisco Mota. Luego le preguntaron que si él pagaba la vacuna puntual y el conductor dijo que sí.

Después de interrogar al conductor, los guerrilleros dirigieron las preguntas a los pasajeros. ¿Usted quién es?, ¿de dónde viene?, ¿para dónde va?, ¿qué va a hacer al pueblo?, ¿a dónde va?, ¿qué estaba haciendo?

Una vez fueron examinados los documentos de Chapatín el guerrillero de turno encargado del interrogatorio, lo reconoció y sintió desconfianza, pues había escuchado del emporio económico que manejaba y le sorprendía que viajara en bus y sin acompañantes, como si intentara pasar de incógnito, por esta razón empezó a escudriñarle para saber qué estaba haciendo en Cúcuta.
-¿Para dónde va?- preguntó el guerrillero.
-Para Cercados- respondió Chapatín.
-¿De dónde viene?- prosiguió el bandolero.
-De Cúcuta.
-¿Qué estaba haciendo tan lejos y solo?

Pero Chapatín impávido respondió con la mayor tranquilidad que puede responder quien no debe nada.
-Estaba hablando con unos contrabandistas, porque quiero traer mercancía de Venezuela y revenderla en mi negocio.

Los productos venezolanos son más baratos y se les gana más. El hecho de hacer todo de manera legal me tiene perdido económicamente y no alcanzo a reunir la plata que ustedes me quieren cobrar ahora. Pronto ustedes verán en mi negocio mercancía venezolana, pasada por colombiana, porque no tengo otra forma para mantenerme y seguir pagando lo que ustedes nos roban.

-No me explique más don Chapatín- dijo el guerrillero -quizás ese sea el sueño de nuestro comandante, verlo a usted igual que todos nosotros, nadie tiene por qué ser más que nadie, todos iguales, usted aún tiene muchas propiedades, puede ir vendiéndolas para pagar la financiación de esta guerra. El sueño socialista es ver que usted tenga los mismos ingresos que las demás personas.

-Ese no es el sueño socialista, es el sueño de ustedes, vernos a todos iguales pero viviendo en paupérrimas condiciones. Tarde o temprano alguien les cobrará todas las injusticias que hacen, porque nosotros no somos bandidos, somos trabajadores a los cuales ustedes extorsionan. Pero dejemos hasta aquí esta charla, no hay necesidad de discutir porque no vamos a llegar a ningún acuerdo.

-Usted lo ha dicho- dijo el guerrillero para terminar la charla.

Mientras los guerrilleros requisaron las maletas y las volvieron a subir a las gavetas, Chapatín observó la hermosura del Paisaje y notó como los frailejones formaban pequeños charquitos de agua y se generaba una pequeña corriente que, unos kilómetros más adelante, sería una quebrada. También pensó en cómo aquel hermoso paisaje se veía interrumpido por la presencia de tipos armados que contrastaban con la paz que generaba esa vista.

Se subieron al bus y el viaje siguió como si nada. Los pasajeros no recibieron ninguna instrucción por parte del ayudante o del chofer, tampoco pudieron hacer preguntas, todo continuo como si la guerrilla fuera la dueña y señora del territorio. Pero tal vez cada uno guardaba dentro un odio que no manifestaba, pero que Chapatín con sus actos ya empezaba a sacar a relucir.

Mientras transcurría el viaje de bajada entre el Páramo que estaba a unos 3.400 metros de altura y Cercados que estaba a 2.000, Chapatín analizaba todas las posibilidades que se abrían al llevar paramilitares a la región. Pensaba que por la intervención de ellos, no habría una guerrilla que molestara a los que prosperaban económicamente; volverían las grandes empresas que huyeron debido a las extorsiones, como la del tabaco; volverían los automóviles tipo campero a la región y las motocicletas de alto cilindraje, ya que hace unos diez años no se veían estos vehículos, porque -cuando alguien los tenía- se hacían vistosos y atraían la atención de la guerrilla. Con la presencia paramilitar él visualizaba, después de que se liberaran del yugo extorsionista de los bandoleros de la guerrilla, un sin número de progresos para todos, así que su próximo paso era reunir a las demás víctimas en su casa, contarles su conversación con Merengue y reunir los requisitos acordados con él para llevar a cabo su proyecto.

El lunes, después de abrir su depósito y observar la prosperidad con que funcionaba, ordenó a uno de sus empleados surtir la sección de licores, pues notaba que la fila del brandy Domecq se veía incompleta y en la bodega del segundo piso habían cajas de brandy, así como la de aguardiente superior se veía también un poco vacía de modo que pidió ver la sección de licores dentro de la normalidad para cuando volviera. Salió de su depósito y se dirigió al almacén del viejo Carlos, quien, sorprendido al ver que había vuelto tan rápido de Cúcuta, le preguntó:

-Don Chapatín, ¿cómo le fue?

-Bien, lo espero esta misma noche en mi casa, voy a organizar una cena y ahí les cuento como va todo.

-Está bien, allá nos veremos.

Luego Chapatín realizó el mismo recorrido que hacía Pérez cada mes por las casas de comerciantes y personas prósperas del pueblo. A todos los invitó esa noche a una cena en un restaurante para explicarles la magnitud de los hechos que él creía que vendrían. Nadie se fijó en su recorrido pero el hecho de que cada uno de estos hablara cosas sobre el proyecto, así fueran pequeñas a sus mejores amigos, había generado una cantidad de rumores que crecían, cambiaban y disminuían de voz en voz.

Pronto se acabará la esclavitud a la que nos tiene sometida la guerrilla; todos los sapos de la guerrilla saldrán a volar; ningún colaborador de la guerrilla quedará vivo; por fin la plata que ganemos será para nosotros y no para darle a esos vividores desgraciados; nuestros hijos podrán traer carros y motos a su antojo y nadie los molestará. En fin, hasta los mismos guerrilleros escucharon la cantidad de chismes que se movían pero nadie podía dar credibilidad, pues existía un temor tan grande infundado en la gente hacia la guerrilla que ellos no se atrevían a pensar ni siquiera en que alguien fuera a levantar un arma contra ellos. Quienes escucharon los rumores en sus campamentos o en los lugares que ellos frecuentaban, simplemente decían: son puros chismes.

Esa noche Chapatín fue el anfitrión de la cena que mandó preparar en el restaurante: "la abundancia". El plato fue trucha frita, acompañada de papa a la francesa y una ensalada que nunca le pudo entender al chef el nombre, pero que consistía en lechuga tomate y cebolla bañada con vinagre, sal y limón. Cada plato se veía apetecido para cualquier paladar y el cóctel de jugo de naranja con un poco de ginebra, fueron suficientes para que todos los invitados quedaran satisfechos.

En el transcurso de la cena Chapatín les dijo:

-Cada uno de los que actualmente somos extorsionados por la guerrilla, debemos pagar el mismo monto, pero ahora a los paramilitares. Esto lo tendremos que hacer durante un año, y luego de esto, nosotros decidimos si continua o no la incursión paramilitar en nuestras tierras. Merengue dice que acá no es viable el trabajo de las autodefensas porque, se necesita mucho dinero y aquí no lo hay. Ellos están donde haya actividades económicas lucrativas, sean legales o no, como contrabando, narcotráfico, cultivos de palma, ganadería y cultivos de banano para exportar. Dicen que lo que harán es matar a todos los colaboradores y matar a la mayor cantidad de guerrilleros y que una vez ocurrido esto, le dejan al Ejército la lista de las familias que posiblemente tengan guerrilleros entre sus miembros o sean posibles colaboradores, porque finalmente es el Ejército, quien tiene que proteger al pueblo de estos extorsionistas y terroristas. Si aceptamos, debemos ser prudentes, no hablar con todo el mundo y nunca hablar sobre el tema por teléfono o correo electrónico, todo se habla voz a voz. Yo lo único que hago es comentarles y entre todos tomamos las decisiones. Sobra decirles que si esto sale de estas paredes, somos hombres muertos, así que los escucho.

Después de las explicaciones, reinó un largo silencio hasta que René el comerciante de ropa y buses, preguntó:
-¿Quién proporciona la lista de los colaboradores?
-Nosotros damos unos, ellos con las listas que tiene el Ejército corroboran la veracidad y luego proceden.
-¿Es decir que ellos tienen las mismas bases de datos del Ejército?- preguntó Mota.
-Pues, las deducciones sáquelas usted. Merengue fue soldado profesional durante ocho años y se retiró para integrarse a los paramilitares al mando de Mancuso, y los que piensan enviar son suboficiales retirados del Ejército que ahora pertenecen a los paramilitares. ¿Será que ellos no tienen contactos adentro de las filas que los datean de todo lo que está pasando?-dijo Chapatín.
-¿Qué seguridad hay para nuestras familias?- preguntó el viejo Carlos.
-La seguridad es que no comentemos esta reunión con nadie. Debemos mantener toda la discreción posible. Ningún miembro de la familia puede llegar a saber sobre esto, de lo contrario seremos hombres muertos- reiteró Chapatín.
Mientras él hablaba, entró el chef con una jarra llena de una mezcla fría de ginebra y jugo de naranja, que parecía inofensiva para los comensales de turno, de modo que escuchó las últimas tres frases de la conversación mientras servía el coctel a cada uno de los invitados, pero ellos no vieron ningún problema en que él escuchara.
Cuando salió el chef, Chapatín, preguntó:

-¿Hay algo más que quieran saber?, detalles, cosas, rutas, personas. Creo que les he dicho todo lo que tenían que saber, así que ustedes deciden.

-Por mi parte que vengan, prefiero pagarles durante un año y no tener a estos guerrilleros cobrándome vacunas durante el resto de mi vida- asintió el viejo Carlos.

-Tráiganlos, yo cambio plata por tranquilidad- afirmó Mota.

Después de tomar aire, meditarlo durante unos segundos, dijo:

-Está bien, tráiganlos.

Una vez todos los asistentes estuvieron de acuerdo en traer paramilitares a la región, se cerró la cena, los asistentes se tomaron otras dos jarras de coctel, y en medio de sus síntomas de embriaguez gritaban por su gran logro, varios de ellos dijeron: "se acabó la guerrilla en Cercados hijueputas".

Al siguiente día, una llamada a Merengue bastó para organizar una reunión en Cúcuta, con el fin de concretar el negocio y aceptar las condiciones.

CONTRATACIÓN DE PARAMILITARES

*"Pero con otro Estado, y otros dirigentes, con una
sociedad justa de solidos valores, sin una guerrilla
que hace años dejó de ser revolucionaria, y sin una
legión de verdugos a la sombra peores que él, jamás
hubiera llegado a formar las AUC".*
Mauricio Aranguren Molina

Era Sábado y, Chapatín y Merengue, se encontraron como
dos ciudadanos de a pie; se sentaron en la misma
panadería de la vez pasada. Pidieron café, dos roscones de
arequipe para amenizar la charla y concluir detalles de lo
que se venía.

-¿Qué decidieron?- preguntó Merengue, aunque ya era
obvia la respuesta.
-Que sí, que llevaremos paramilitares a la región, los vamos
a financiar un año y según como esté la economía,
seguiremos o no con el proyecto.
-Muy bien, usted debe saber que yo no estaré en nada de
eso, yo crecí en Cercados y toda la gente me conoce. Yo
trabajo acá en el Catatumbo porque, aquí nadie sabe quién
soy yo, así que de ahora en adelante, usted cuadrará con
Dónal, él hará toda la gestión y llevará la gente necesaria a
la región. Lo que sigue de aquí en adelante es con él.
-Está bien- afirmó Chapatín mostrando algo de ansiedad al
frotar sus manos.
-Este es el número de Dónal. Llámelo y le dice que yo le di
el número y que va de parte mía. Él les dirá qué hacer- dijo
Merengue y en un pequeño papel apuntó el número de
celular de Dónal.

Cuando Chapatín recibió el número, lo miró sin hacer
conjeturas y se despidió. Dio las gracias por la ayuda
recibida (Ese fue el último día que se vieron los dos).

Cuando ya se había alejado lo suficiente de Merengue,
Chapatín llamó al número telefónico que estaba escrito en el
diminuto papel. Pensó que el interlocutor estaría en Cúcuta

y que simplemente era cuestión de otra cita, pero resultó que Dónal estaba en San Gil, un pueblito enclavado en la cordillera oriental.

-Buenas tardes, llamo de parte de Merengue- dijo con algo de timidez y reparo Chapatín.

-Ha, ¿usted es Chapatín?- preguntó Dónal.

-Sí, soy yo el que cuadró el negocio con Merengue. ¿Nos podemos encontrar esta tarde para ver qué más hay que hacer?

-Yo estoy en San Gil, si quiere nos vemos acá en el hotel, y hablamos.

-No… yo pensé que usted estaba aquí en Cúcuta. Tocaría esperar y yo viajo el lunes a San Gil.

-No- respondió Dónal, -nosotros vamos a hacer una reunión aquí el próximo miércoles, para que tenga usted tiempo de avisarles a sus socios, porque la reunión será con los mismos que usted cuadró todo, deben estar todos los comerciantes y personas que saben de este proyecto, nadie puede faltar.

-Listo, yo les aviso a todos y nos vemos allá.

-Entonces, usted llega a San Gil, por la cuadra de los hoteles, el único hotel cinco estrellas que hay en la cuadra. Nos vemos el miércoles a las once de la mañana y hablamos todo.

Chapatín regresó a Cercados y por el camino tuvo que aguantarse los mismos dos retenes: el ilegal que montaba la guerrilla en la vía y el que montaba el Ejército. Los dos con el fin, principalmente, de revisar que los autos no transportaran contrabando procedente de Venezuela.

Todos los comerciantes y personas implicadas en el proyecto estuvieron de acuerdo en realizar la reunión el miércoles. Cada uno se encargó de llegar al sitio acordado tratando de que nadie se diera cuenta de que toda la élite del pueblo se había marchado.

Una temperatura de 28 grados mantenía a la población de San Gil en un constante ir y venir de turistas. El río Fonce emanaba el más agradable olor a mezcla de árboles y agua que hacían que su ribera se llenara de muchas personas que disfrutaban bañándose y tomando el sol, y de otras que disfrutaban el rio dejándose llevar por él en pequeñas balsas. El ambiente era muy agradable y nadie sospechaba que en un pueblo tan próspero se fueran a reunir comerciantes para cuadrar una de las peores incursiones paramilitares de las que se tiene cuenta en la región.

Una vez Dónal comprobó que en el salón no había ninguna cámara ni micrófonos camuflados, reservó el lugar para la reunión que duraría unas dos horas. Pidió que le apartaran el salón de reuniones para las once y media de la mañana y que pasadas las doce, le sirvieran el almuerzo.

Uno a uno fueron llegando los invitados, Chapatín fue el primero en llegar. A la hora acordada –once y media- Dónal empezó a hablar, porque era militar retirado y detestaba la impuntualidad:
-Caballeros, hace poco estuve reunido con Merengue, me comenta que ustedes están aburridos de las incursiones guerrilleras, de las extorsiones y demás abusos que cometen contra ustedes, y que por eso requieren de nuestros servicios.
-Así es- respondió Chapatín -nosotros necesitamos que ustedes maten a todos los colaboradores, guerrilleros activos, simpatizantes y a todo el que huela a guerrilla, ya es hora de liberarnos de esos malandros de poca monta, que quieren vivir bien a costillas de nuestro trabajo.
-Señores, ustedes si tienen plata para sostener una guerra de ese calibre, eso mínimo demora dos años y no estamos hablando de ir un día y devolvernos, es necesario contactar al Ejército para que nos dejen trabajar y por tanto, hay que untarles la mano, hay que pagar gente que haga inteligencia. En fin, eso requiere de mucha plata, y en unos dos años quedan libres de guerrilla, ustedes deciden.

-¿Cuánto dinero necesitan? -preguntó el viejo Carlos.

-Por ahora voy solo durante seis meses, para eso se necesitan de unos cinco millones mensuales. Esos meses son para hacer inteligencia. Si se llega a necesitar más plata les aviso, pero creo que eso durante los seis primeros meses, después unos cien millones mensuales durante un año y medio, porque hay que comprar mucha gente. Cuando pase este tiempo nos vamos y les queda su pueblo saneado de guerrilla y todo aquel que piense que por la vía de tomarse las armas, puede lograr algo, entenderá que lo único que logrará es morir en su ley.

-Está bien- dijo Chapatín, quien aparecía como cabeza visible de aquel proyecto.

-Mis respetados, si me ven en el pueblo no me saluden, ustedes no me conocen, simplemente si tienen algo que hablar, le dicen al alcalde quien tendrá los contactos que podrán hablar conmigo. En el pueblo ni se les ocurra decir algo acerca de mí- pontificó Dónal.

-Y es que acaso cuándo va a ir- preguntó René.

-En cualquier momento llego, así que no sé si tienen algo más que preguntar.

-Nada más, no se hable más- respondió el Alcalde.

-Así quedamos- respondió Dónal.

El alcalde de Cercados estuvo de acuerdo en lo planteado por Dónal, los demás no hicieron preguntas, y cuando les preguntaron que si estaba todo claro, dijeron que sí, de modo que entregaron los primero cinco millones y con eso se dio inicio al proyecto.

Los foráneos almorzaron tranquilamente un cabro al horno con pipitoria, yucas sudadas, consomé y abundante limonada, que era el plato preferido de Dónal, al mejor estilo santandereano, y quien no se molestó en preguntarles a los visitantes, qué querían de almuerzo, ya que había mandado preparar lo mismo para todos.

Después del almuerzo los asistentes, y forjadores de aquel proyecto, regresaron a Cercados. Lo hicieron en diferentes fechas y desde distintas partes para no despertar sospechas. El primero en regresar fue René, porque no le gustaba pasar mucho tiempo por fuera de su hogar.

Tres días después de la negociación, que era día de mercado en el pueblo, mientras René paseaba por la plaza comprando diversos productos, vio en una esquina a Julio quien era un muchacho que hacía poco había sido secuestrado por la guerrilla y junto a él divisó a un vendedor de hierbas que le pareció desconocido. Después de dar algunas vueltas y llenar su canasto con mangos, papayas, guanábanas, cebollas, repollos, tomates, bananos, feijoas, madroños, mamones, etc., volvió a observar a Julio y al detenerse en su acompañante se percató de que era Dónal, pero que no lo había reconocido porque ahora tenía su cabello corto y no portaba botas tejanas como cuando lo vio en San Gil; Ahora Dónal tenía unos chocatos mal presentados, vestía un pantalón de paño mal trajeado y una camiseta blanca sucia. El cambio era asombroso, ya no vestía camisa Tommy Hilfiger y jean Diésel Industry como cuando lo conoció.

Dónal ya había visto a René pero miro hacia otro lado, se dio cuenta que René lo reconoció, pero miró a otro lado para evitar contacto visual con él; la idea era no tener ningún tipo de comunicación y pasar de incógnito para poder cumplir a cabalidad su misión: tantear el terreno, identificar a los guerrilleros y a sus colaboradores.

DEL SECUESTRO AL ODIO

"Lo demás le parecía claro, y era lo más parecido a un sentimiento de culpa por no haber previsto nunca que aquel secuestro podía suceder. Ahora tenía la convicción absoluta de que era un acto personal contra él, y sabía quién lo había hecho y por qué"
Gabriel García Márquez.

Los jóvenes colombianos, por la ley y debido al conflicto armado, están obligados a portar una Libreta Militar; ellos son víctimas de una guerra que el Estado ha tenido con diferentes grupos al margen de la ley.

Para contrarrestar la fuerza de los fusiles ilegales el Ejército ha reclutado por muchos años a los jóvenes, hijos del pueblo para que sean ellos quienes pongan pecho, por la supuesta patria que no existe, porque hace tiempo las mismas familias que siempre han mandado se la vendieron a otros. Si la guerra en Colombia la hubieran tenido que hacer los hijos de los gobernantes, ya la habrían negociado, pero como son los hijos de la plebe los que ponen sus vidas, al Estado poco le interesa acabar la guerra.

Julio era un joven que, a pesar de no simpatizar con ninguno de los actores de la guerra, tuvo que ir a prestar servicio militar porque, no contaba con el dinero para cancelar la elevada suma de dinero que le había pedido un teniente amigo para tramitarle la libreta militar, documento indispensable para conseguir un empleo en Colombia. Julio fue a prestar servicio al batallón de Pamplona, se preparó psicológicamente para aguantar los 18 meses con el fin de recibir la libreta militar de primera que le ayudaría a abrir nuevas oportunidades en la vida.

Todo marchaba bien para Julio, pero su anhelada paz se le vio interrumpida muy pronto, en uno de sus permisos. Cuando estaba de regreso al batallón, a la altura del municipio "El Cerro", un pueblo olvidado en las montañas de Santander y fortín de la guerrilla, el bus en el que viajaba fue interceptado por un retén de guerrilleros, a pesar de haber viajado en el último bus, ya que en el batallón le habían dicho que cuando viajara tratara de hacerlo así porque era menos posible que se encontrara con los retenes ilegales ya que el bus pasaría entre la una y las tres de la mañana y en ese horario a los subversivos no les gustaba hacer retenes por el intenso frío que hacía en esa montaña.

El día de su viaje la suerte no acompañó a Julio, ya que hacia la una y media el bus se detuvo y todas las luces internas del bus fueron encendidas.
-Buenas noches, nosotros somos la guerrilla- dijo el primer tipo que subió al bus.
-Ustedes están a nuestra disposición, uno por uno se van bajando y se ubican en la parte trasera para una requisa- agregó el individuo ante el asombro de los pasajeros.

Cuando empezaron a descender los pasajeros, los guerrilleros miraban y analizaban a cada una de las personas. Cuando el que comandaba al grupo vio a Julio, le dio curiosidad, entonces se le acercó y le ordenó que se quitara el gorro, y cuando lo hizo se dio cuenta que su cabeza tenía los cortes iguales a los de un soldado, aunque su barba de una semana mostraba otra cosa.
-¿Usted quién es caballero?
-Soy Julio Moncada.
-¿Para dónde va y a qué se dedica?
-Viajo a Cúcuta y soy comerciante.
-¿Y ese peinado?.. ¿Por qué usa ese corte?
-Me gusta mantener el cabello corto.

Después del interrogatorio el guerrillero lo requisó y le revisó los documentos, pero al no constatar si era cierto o falso lo que presuponía, lo mandó a subirse al bus. Julio, a pesar de que estaba nervioso, no mostraba el más mínimo temor y con ese clima, nadie sabía si la gente temblaba del frío de tres grados centígrados bajo cero que ofrecía la montaña o de la presencia de hombres armados.

Cuando Julio caminaba hacia la puerta del bus, el astuto guerrillero que era conocido en la tropa con el alias de "Perro chiquito", -para ponerlo a prueba-, le gritó con voz militar: "Alto soldado". Orden ante la cual, inconscientemente, Julio giró, se puso firme e intentó poner su mano en la frente como lo había hecho durante los últimos tres meses en el batallón, pero cuando se dio cuenta de su error ya era demasiado tarde, y pese a que intentó amagar que se limpiaba la frente, el guerrillero descubrió a qué se dedicaba y le dijo:
-Quédese quieto soldado, no se haga matar, usted se va con nosotros.
-¡Yo!..
-Sí. Muéstreme cuál es su equipaje.

Cuando Julio señaló su equipaje "Perro chiquito" lo requisó y encontró latas de salchichas y de atún, que confirmaron que Julio era militar, porque en las condiciones paupérrimas de hambre que a veces sufren estos servidores: un cigarrillo, unas salchichas, una lata de atún pueden ser la diferencia entre la gloria y el infierno.

Los guerrilleros le amarraron las manos a Julio y se lo llevaron. Caminaron largo tiempo pero nunca le vendaron los ojos, como era costumbre para que los retenidos no reconocieran los lugares. Después de unas cuatro horas de recorrido, casi todo bajando, llegaron a una casa vieja y aparentemente abandonada que tenía un aspecto lúgubre, en ella habían ocho guerrilleros que tenían una radio antigua para comunicarse con sus superiores y algunas viejas colchonetas en el piso para pernoctar. Al frente de la habitación había una cocina bien dotada para preparar sus alimentos.

A Julio le dijeron que ese era su nuevo rancho, haciendo alusión al rancho de los batallones militares, que es el lugar donde preparan las comidas para los soldados. Perro chiquito le pegó un culatazo y le ató una cadena de unos sesenta centímetros de largo de un pie a otro para que no pudiera correr, y le ordenó preparar un caldo de papas para todos los guerrilleros.

Julio peló las papas, puso a hervir el agua en una estufa de gas propano, tomó dos pollos que había en una cava muy grande que tenían allí, le añadió pimentón y cebolla, y al cabo de una media hora un suculento caldo de pollo ponía a todos los guerrilleros activos para seguir viviendo sus vidas rutinarias en ese improvisado campamento. Julio desayunó en la cocina y los guerrilleros en un improvisado comedor compuesto por unos armazones de cuatro patas que llaman burros y un armazón de tablas unidas en su parte más rugosa mediante varios listones, comedor improvisado que sólo armaban para comer, porque no contaban con mucho espacio.

Cuando terminaron el desayuno, todos los guerrilleros fueron a dejar el plato a la cocina, y Julio le dijo a Perro chiquito:
-Déjeme ir Perro, yo sólo estoy prestando servicio, no represento ninguna amenaza para nadie.
-No es tan fácil Julio, si usted hubiera querido mejor se hubiera vuelto guerrillero, y no estuviera en esta situación. Ya estaría feliz como nosotros.

Julio pensaba en que si vivir en esas condiciones tan precarias era felicidad, prefería la vida del batallón, porque al menos allá, tenía un camarote para dormir y una calurosa Lainer militar que lo abrigaba muy bien.

-Y entonces, ¿cuánto tiempo me va a tener aquí? Perro, de verdad que quiero irme, quíteme esta cadena, me largo y me olvido de usted. En el batallón invento cualquier excusa para decir por qué no llegué hoy y listo, asunto olvidado.
-Y si no lo suelto qué, Julio, usted piensa que me asusta.
-No, no lo asusto, sólo quiero que me deje ir.
-Usted se quedará hasta que a mí se me dé la gana- respondió Perro chiquito y le pegó un culatazo que lo mandó al piso y lo dejó con mucho dolor.

La primera noche de aquel secuestro, cuando Julio necesitó hacer sus necesidades fisiológicas excretoras, lo dirigieron unos 200 metros y en medio de un rastrojo, el guerrillero que lo acompañaba le dijo que tuviera cuidado porque ese era el baño de todos. Mientras Julio hacía del cuerpo, sintió un intenso olor a valeriana que le recordó que su padre preparaba agua con la raíz de aquella planta para que los niños sintieran sueño.

Los días pasaban y Julio aprovechaba cada instante para analizar con detalle el "modus operandi" de aquellos guerrilleros, se daba cuenta que todas las mañanas salían para el pueblo y lo dejaban al cuidado de un guerrillero quien mantenía siempre su fusil cargado y a una distancia prudente de él. Al ver que no había nevera y que todos los días llegaban bolsas de hielo para preservar la carne, y que el grupo tenía un carro muy desvalijado, que seguro no aguantaba trayectos muy largos, el prisionero de guerra tuvo la precisión de que no estaban lejos de algún casco urbano.

Julio se dio cuenta que algunas veces, salían en la noche a montar retenes, pero llegaban antes de medianoche, pues el constante movimiento de las latas de aerosol, con las que grafiteaban los carros, los delataba.

Después de tres semanas, Julio identificó que todos los jueves en la noche, los guerrilleros llevaban putas a amanecer con ellos, de modo que la habitación donde dormían ocho se convertía en todo un bacanal sexual. Julio veía entrar al lugar las mujeres y las botellas de trago, así que empezó a planear su fuga para un jueves, cuando la tropa estuviera borracha o dormida. Pensó en que las viejas no eran amenaza para él, pues una vez lograra tomar un fusil de esa habitación, el poder sería suyo.

La quinta semana de su secuestro, aprovechando que era jueves, pidió ir a la letrina natural y, aprovechando el descuido de su guardián, recogió una suficiente cantidad de raíces de valeriana para ponerlas a hervir entre la aguapanela que tomarían los guerrilleros esa noche, antes de que llegara Perro chiquito con las ocho putas en su carro desvalijado.

Esa noche los guerrilleros comieron una bandeja de arroz, papas, carne sudada y aguapanela. Julio se cercioró de que todos los guerrilleros, tomaran su respectivo pocillo de aguapanela. Cuando Perro chiquito llegó con las trabajadoras horizontales, Julio le brindó un vaso de aguapanela y él, inocentemente se lo tomó. No pasó mucho tiempo, después de que todos se encerraron a disfrutar de copas y de sexo para que quedaran fundidos en un sueño profundo, así que Julio golpeó la puerta de la habitación para comprobar si alguno le respondía. Sólo escuchó que una mujer le preguntó: ¿Quién es?
Y él contestó con seguridad: Soy Julio, ¡ábrame!, que pasó algo grave.

Una mujer de cabello rubio, semidesnuda y con maquillaje corrido abrió la puerta y Julio le dijo que había escuchado ruidos afuera, que tocaba ir a mirar.
-Todos están muy dormidos- asintió la trabajadora horizontal.

El olor a trago, mezclado con diferentes sudores era asqueroso, pero lo único que necesitaba Julio era llegar hasta uno de los fusiles que estaban colgados en una repisa.
-Alcánceme un fusil, necesito ir a mirar abajo, que tal llegue el Ejército.
-Pero usted es guerrillero- preguntó inocentemente Vanesa, quien casi no podía hablar de la borrachera que tenía y que lo único que quería era seguir durmiendo.
-¡Claro que soy guerrillero! Necesito salvar a mis camaradas, ¡páseme un fusil!
Vanesa le alcanzó un AK47 de fabricación rusa de los que estaban colgados allí y una vez Julio tuvo el fusil en sus manos, verificó que el proveedor tuviera cartuchos. Con el poder que le daba el arma entró a la habitación y esculcó en el bolsillo de Perro chiquito, quien roncaba como locomotora, y sacó un fajo de billetes. En medio de la poca

luz que había, vio que la mujer ya se había acomodado al lado de un guerrillero, entonces salió de allí, pincho las llantas del carro con un cuchillo y más adelante, puso la cadena contra una piedra y con un tiro se encargó de que la cadena abriera lo suficiente para soltarla. Dejó el fusil pegado al tronco de un árbol para que los guerrilleros, cuando se despertaran, no lo vieran. Al estar libre intentó correr, pero las semanas de encierro habían hecho mella en él, y el agotamiento no le permitía moverse mucho.

Después de unos 500 metros de marcha, Julio se detuvo y paró un bus que llevaba un letrero que decía Cúcuta, se subió en él y cuando llegó a Cúcuta busco la trigésima brigada del Ejército y le comentó al coronel que mandaba en el batallón, lo que le había sucedido. Para verificar la veracidad de su historia fue interrogado cinco veces por militares y por psicólogos y, al medio día, el coronel le dijo a Julio que se afeitara y ordenó que le cortaran el cabello.

Esa tarde el coronel armó un operativo y en la noche la casa campamento fue sitiada, pero sólo encontraron el auto pinchado y el fusil escondido, porque los guerrilleros habían huido y se habían llevado todo.

Desde ese día, Julio prometió que todos los golpes, las humillaciones y cada acto injusto cometido contra él, se lo cobraría a cada guerrillero que pudiera, porque él era un muchacho bueno que sólo buscaba su libreta militar para salir a trabajar, pero la guerrilla se había encargado de convertirlo en un monstruo lleno de odio capaz de hacer cualquier cosa.

Al sentir el odio correr por sus venas Julio comprendió por qué se había gestado un levantamiento paramilitar, y pensó que si todos los paramilitares eran como él, sólo era cuestión de poco tiempo para eliminar la maldita guerrilla de Colombia.

FORMACIÓN DE UN BANDIDO

"Lo que uno aprende sobre el mal, lo aprende despacio, pero para siempre – pensó-. Los prejuicios. El odio. La compulsión. El asesinato. Cada lección te arranca un trocito de la esperanza de la juventud".
John Katzenbach

Jairo era hijo de una de las tantas madres solteras que abundan en Colombia, quien a su vez, era hija de uno de los tantos hombres que van engañando y preñando mujeres sin importar el dolor que dejan, ni mucho menos que ese dolor puede perdurar en varias generaciones.

Cuando niño, Jairo no entendió por qué hasta los cinco años había tenido unos apellidos y luego su primer mote había cambiado. A él ese cambio lo hacía sentir como si fuera otra persona pero, igual para un niño los apellidos simplemente son palabras insignificantes, cosas que no le importan como para quemarles más de un segundo de pensamiento.

Una tarde el pequeño Jairo caminaba por la carrera séptima de Cercados, estaba lleno de alegría porque su nonna le había regalado quince pesos que, para un niño de su edad, eran una fortuna.

Tener quince pesos ese día, lo movió hacia la tienda de Celso para comprar el paquete de chitos que tanto deseaba. Cuando llegó a la cacharrería que nunca supo realmente que era porque vendían zapatos artesanales fabricados por los campesinos de la región; planchas de carbón para algunas personas que debían alisar sus camisas de chalís; mercado; artículos de papelería como esferos, hojas, cuadernos, borradores, lápices de baja calidad, maras, trompos, balones, y sobre todo vendían génovas para los glotones que pasaban por ahí. La tienda no tenía ninguna especialidad definida, sólo era una galería de compartimientos de madera surtidos con gran cantidad de mercancía y mostradores hechos con marco de madera y vidrio que hablaban de una tienda con aires de siglo pasado.

Jairo llegó contento a esa tienda porque en ella había una sección de golosinas.
-Un paquete de chitos don Celso.
-Vale 15 pesos.
-Aquí están.

En el momento en que Jairo puso en el mostrador los quince pesos entró un señor a comprar una génova que también costaba quince pesos y canceló con un billete de veinte. Como sobraban cinco, el viejo Celso los tomó cinco de los quince que Jairo acababa de poner sobre el mostrador y se los dio de vueltas al señor, entonces Jairo dijo:
-Mi paquete de chitos don Celso.
El viejo observó una moneda de diez en la vitrina y le dijo al niño:
-Faltan cinco.
-Yo puse los quince aquí y usted acaba de coger cinco para darle de vueltas al señor que compró una génova.
-¡No señor! Usted sólo puso diez. No le voy a dar nada porque usted no paga completo.

Ese día Jairo miró al viejo con el odio más profundo con que puede un niño mirar a alguien. Él no entendía como existía gente tan tramposa y tan pícara sobre esta tierra, de modo que desde ese momento el viejo Celso tuvo un enemigo oculto que en cualquier momento podría tomar venganza. Desde ese instante el niño Jairo supo que hacerle daño a un niño era ganarse un enemigo de por vida.

Jairo salió con diez pesos en el bolsillo y la desilusión de no haber podido comprar su anhelado paquete de chitos, y con el sueño frustrado de poder acceder a su golosina favorita. Empezó a caminar la subida de la carrera séptima de Cercados nuevamente hacia su casa que quedaba a media cuadra, vio el lote deshabitado de la esquina donde siempre habían unas piedras gigantes y se preguntó: cómo habían llegado hasta ahí. Todo marchó en aparente orden, un niño de seis años que está en primero de primaria, al parecer no representa amenaza para nadie y, en un pueblo tranquilo, tampoco corre ningún peligro, pero esta aparente calma se vio interrumpida cuando repentinamente escuchó a alguien detrás que le dijo:

-Oiga usted, ¿quién es?

-Yo soy Jairo- respondió el niño observando a su interlocutor e intentando atinar quién era ese niño de unos ocho años que acababa de hablarle. Como no lo conocía, intentó voltear su cabeza y seguir su rumbo pero, este personaje le lanzó un puñetazo a su rostro. El pequeño Jairo se agachó al primer golpe e instintivamente respondió con otro golpe que dio en la cabeza del contendor, luego todo fue un intercambio de puños y patadas en el cuál el pequeño Jairo llevaba una desventaja terrible pues la diferencia corporal entre él, de seis años y el de ocho años era muy notoria. Como consecuencia de esto, era cuestión de tiempo para que Jairo empezara a mostrar sus debilidades debido a los golpes recibidos.

En ese momento, por la carrera séptima subían dos hermanos conocidos como: los Gutiérrez, uno era Rónal de siete años y el otro Sergio, de cuatro, quienes vieron un pequeño conglomerado de niños haciendo círculo a los peleadores que se revolcaban en el pasto y se intercambiaban golpes. Algunos puntos rojos en el rostro del pequeño Jairo mostraban que no la pasaba nada bien en aquella gresca.

-Mira, le están pegando a ese niño que estudia contigo en la escuela - dijo Sergio.

-Le están pegando a Jairo, venga quito al Loco para que no le pegue más.

-Loco suéltelo - dijo Rónal, quien intentó coger al Loco por la espalda para que no le pegara a Jairo, pero en ese momento el Loco se volteó y le pegó un puñetazo, de ahí en adelante la pelea dejó de ser contra Jairo para emprenderla contra Rónal, pero este era más fuerte y empezó a ablandarle la humanidad al Loco a punta de golpes. Igual no ganaba la riña, entonces el pequeño Jairo después de respirar unos diez segundos y sentirse envalentonado porque su amigo de escuela lo defendía empezó a tirar

golpes a la cabeza de Loco, así que ahora eran dos contra uno. Jairo desarrolló un cambio de personalidad que sólo lo experimentaba en sueños cuando dejaba de ser el niño que dormía para convertirse en un espectro que veía una danza de siluetas blancas dando vueltas por toda la casa, pero esta vez no se convirtió en un bailarín más del espectáculo, se convirtió en un monstruo con intenciones asesinas que golpeaba sin medida. El Loco, por los golpes recibidos, perdió el equilibrio y cayó, y una vez estuvo en el piso Jairo se le montó encima del pecho e intentó tenerle los brazos contra las rodillas, lo cogió de las orejas y le estrelló la cabeza contra el piso, mientras que Rónal le daba patadas por la caja torácica con intención también, de cegar la vida de ese Loco que se creyó con derecho a pegarle a un niño. En el momento en que el Loco veía comprometida su existencia se escuchó un grito que paró la gritería de los niños.
-¡Suéltenlo que lo van a matar!, ustedes parecen Hienas- gritó la mamá de Loco.

Rónal detuvo la sesión de puntapiés que iban a terminar en los pulmones de Loco, y Jairo se levantó suavemente y miro a Rónal, como si mirara al amigo al cuál le debía la vida, entonces, basado en el comentario de la señora, Rónal le dijo al pequeño Jairo:
-Si ve Hiena, no vaya a matar al Loco.
-Buena Hiena, usted es muy parado pelearle al Loco- dijo Sergio Gutiérrez.
-Yo no le peleé, solamente me defendí.

Después de esto Sergio miró que su hermano Rónal no tuviera manchones de sangre, ni golpes en el rostro porque, cualquier señal de pelea sería causal de una buena paliza por parte de doña Margarita, pues era una señora muy estricta en la crianza de sus niños y les tenía prohibida las peleas.

La mamá del Loco alzó porque no podía caminar por su propia cuenta, no creía como dos niños le habían pegado de esa forma, ya que era incapaz de caminar.

El Loco estaba acostumbrado a aprovechar su condición de enfermo psiquiátrico para moler a golpes a los niños que quisiera cuando pasaban por esa esquina, pero ese día se había encontrado con Hiena, y vio que después de la agresión, este tenía intenciones de matarlo.

Los golpes que recibió le sirvieron de escarmiento para no volver a molestar a los demás niños, y le sirvió a Hiena para tener ese nombre por el resto de su vida, o al menos mientras viviera en ese pueblo.

INCURSIÓN PARAMILITAR

*"No os engañéis, de Dios no se burla nadie, pues lo que el
hombre haya sembrado, eso cegará"*
Gálatas 6-7.

Julio andaba con Dónal ya que el día que terminaba de
prestar servicio militar y se dirigía a viajar de noche, hacia
cercados, en la terminal fue interceptado por un sargento
primero del ejército que él había visto unos seis meses
antes en el batallón, pero que luego había sido trasladado a
otro, pero ahora estaba vestido de civil con ropa muy lujosa,
Julio lo saludo con la cortesía acostumbrada.

-¿Cómo está mi sargento?, que gusto de verlo.

-¿Qué hace soldado Rojas?

-Voy a buscar trabajo a mi tierra, voy a ver qué sale. Si no
sale nada, me dedico a manejar el taxi de mi papá.

-Venga nos tomamos un tinto, le cuento y lo invito a hacer
parte de un proyecto que tenemos, pero asegúreme que
acepte o no, usted se quedará callado. Si nos quiere ayudar
listo, si no quiere, no hay problema.

-Mire Julio, yo sé lo que le pasó; sé que "Perro Chiquito" lo
tuvo retenido más de 40 días y lo puso a prepararle la
comida a los guerrilleros en medio de humillaciones y malos
tratos, y sé que tuvo amarrados los pies con una cadena
que escasamente lo dejaba caminar. Yo fui a Cúcuta y vi las
entrevistas que le hicieron los psicólogos para estar seguros
que no mentía, y vi todos los informes que tienen
guardados. Sé quién es usted y de qué es capaz.

-Gracias. ¿En qué le puedo servir?- dijo Julio algo inquieto.

-Resulta que estamos preparando un proyecto para llevar
paramilitares a Cercados y acabar con esa maldita plaga,
con todos sus colaboradores y sapos que los tienen como
marranos de engorde. Sé que usted es de ese pueblo, así
que lo necesitamos para que nos ayude a conseguir
contactos, apoyos y personas, de tal manera que cuando
entremos, la lista ya esté establecida. Recuerde que sin
hacer inteligencia no podemos meternos. ¿Qué dice?, ¿nos
ayuda o no? Yo sé que nadie puede odiar más a los

guerrilleros que usted, que fue metido en una guerra cuando no había cometido ningún delito.
- Y… ¿cuánto tiempo tengo para tomar una decisión?

Dónal miró su reloj y le dijo:
-Pues como un minuto, o de lo contrario conseguimos a otro. Nosotros le vamos a pagar bien, sólo es que me vean con alguien de allá mientras hacemos la inteligencia, no podemos arriesgarnos a nada más.
-Hagámosle de una mi sargento - dijo Julio, aceptando apoyar la limpieza que harían los paramilitares en su pueblo y la región.

Desde ese momento como equipo, asumieron el rol de vendedores de hierbas, estudiaron y se dedicaron a deambular por las plazas de los diferentes pueblos para recabar información. Tuvieron que leer mucho y consultar a varios conocedores de plantas medicinales, para poder pasar por vendedores de hierbas en las plazas de mercado.

Asumieron muy bien la función, porque así lograrían estar cerca de la gente y recibir de ella la información necesaria sobre la guerrilla y sus colaboradores. Nadie sospechó por qué cada uno cargaba un carriel azul marca Nike que los hacía ver como verdaderos comerciantes.

Hicieron bien la tarea al punto que cuando la gente se acercaba a preguntarles por cualquier hierba, ellos sabían inmediatamente si la tenían o no, y para qué servía. Aprendieron que la matricaria es la más vendida porque es una hoja usada por excelencia para matar el exceso de parásitos en las personas; el hinojo es una planta usada para que al tomarla en agua, las mujeres que acaban de tener hijos produzcan más leche, y el bejuco del muerto que se consigue en las laderas de las montañas de tierra fría, que es una planta que se usa para bañar a los niños menores de dos años que han adquirido la proteína llamada "cadaverina", que se adquiere cuando van a entierros o a lugares donde están realizado un velorio y esto les hace retrasar su crecimiento. Cuando hay un virus de gripa fuerte en una casa, se recomienda poner eucaliptos a hervir, de modo que este olor actué como expectorante.

Gracias a la venta de plantas, Julio y Dónal lograron identificar a los colaboradores de la guerrilla, a los informantes, extorsionistas y profesores que ayudaban a reclutar estudiantes para unirlos a esas filas, y supieron quiénes eran los alcaldes simpatizantes y demás personajes.

Cada día mejoraban las listas de personas involucradas con la guerrilla y las dejaban en un correo muerto que era recogido por miembros del Ejército, quienes comparaban los datos con los que ellos ya tenían, para saber con precisión a quienes debían matar los paramilitares.

Cuando Julio y Dónal lograron tener la información necesaria, dieron aviso para que les mandaran un buen grupo de paramilitares con quienes empezaron la limpieza.

La misión para la que fueron contratados inició con la ejecución de Pérez, el encargado de las extorsiones.

Una tarde, frente a la lujosa casa campestre de Pérez, un tipo simuló que su moto se varaba y al bajar a arreglar "supuestamente" la cadena, dejó caer varios pedazos de embutido de una bolsa y se fue. Los dos perros guardianes que había en la casa de Pérez comieron dichos trozos y como pudieron llegaron a su perrera y se quedaron dormidos. Después de esto ningún ruido pudo despertarlos.

La casa de Pérez era una de las más lujosas que había en las afueras de Cercados, sólo era comparable con las grandes casas de algunos de los más prestigiosos comerciantes de la región. Su entrada quedaba sobre la carretera principal, había que andar desde la carretera unos diez metros para llegar a la construcción, y al ingresar en la primera planta, había una enorme sala, dotada de muebles forrados en cordobán y algunas mecedoras, pues el calor no daba para tener poltronas; había un televisor de 45 pulgadas que servía como el mayor embrutecedor para quienes entraran a esa sala; igualmente había una cocina que colindaba con la sala por medio de un muro en arco, cuya parte plana hacía las veces de barra cuando se pasaban los alimentos o cuando tomaban limonada; en el segundo piso habían tres habitaciones, aunque la familia era conformada por Pérez, la esposa y su hijo, de modo que siempre había una habitación desocupada. Como el segundo piso tenía balcón por toda la periferia, la vista era muy agradable, pues por la parte trasera de la casa, se veía la piscina, y por los alrededores una vegetación hermosa. La casa la conocían ellos tres y una empleada que les servía a los Pérez y que sabía dónde dormía el dueño.

Un vehículo oficial, con hombres vestidos de camuflado se detuvo esa noche frente a la casa del anfitrión, en un día normal los perros hubieran ladrado y armado el mayor escándalo posible, pero esa noche dormían profundamente porque Dónal simplemente los había mandado sedar ya que amaba tanto a los animales que no le pareció justo sacrificarlos para matar una rata, que era la palabra con la que calificaba a Pérez. Cuando el vehículo se detuvo, el reloj marcaba la una de la mañana, el hijo de Pérez que sabía que algo andaba mal se despertó, miró por el balcón y sabía que debía actuar, así que bajó rápidamente la escalera, abrió la puerta principal y se lanzó contra Dónal, que acababa de bajarse de la camioneta visitante. Dónal puso mano en su cinto y sacó su pistola, pero en ese momento el hijo de Pérez le tomó la mano donde tenía la pistola y forcejearon. Dónal no se le podía soltar y el muchacho que lo superaba en fuerza le estrellaba el brazo contra el borde superior de la camioneta, en ese momento fue cuando uno de los dos ocupantes del asiento trasero de la camioneta sacó una Glock 45 y le pegó un tiro a quemarropa en el pecho al joven, quien cayó y dejó un charco de sangre que alcanzó a mojar la llanta delantera del carro. En ese momento Dónal dijo:
-Tráiganme a ese hijueputa.

Por el ruido del disparo Pérez se despertó asustado, e intentó correr hasta su armario donde había dejado la única pistola que le había entregado la guerrilla, pero un golpe fulminante rompió la chapa de su puerta y entraron Julio y Rolando, los dos vestidos con camuflado y le cogieron de los brazos. Pérez intentó forcejear pero una golpiza de culata de fusil lo amilanó y lo dejó tendido en el piso. La gritería que armó la esposa de Pérez desesperó a Julio, quien dijo:
-Vieja hijueputa si no deja de gritar le pego un tiro.

La señora se quedó llorando amargamente, sin gritar, mientras bajaban a Pérez, pero nunca pensó que lo fueran a matar, sólo pensaba que era el Ejército que se lo llevaba para interrogarlo, pero todo le cambio cuando escuchó un ruido de motosierra.

Cuando bajaron a Pérez, un paramilitar a quien llamaban Gato, que permaneció con Dónal abajo, esperando que bajaran a Pérez; Inmediatamente vio el balcón y constató que lo bajaban casi a rastras, prendió una motosierra. La víctima que no podía casi hablar debido a los golpes recibidos, dijo:
-Mátenme a bala hijueputas.
-Y a la gente que usted ha extorsionado, ha pensado en ellas cabrón, ha pensado que trabajamos para ganarnos la vida y usted nos roba la plata- decía Dónal.

Gato le acercó la motosierra prendida y le cortó los brazos, dejando un manchón de sangre que se regó por la carretera. Pérez que aún se mantenía consiente gritaba de dolor, nunca pensó morir así. La guerrilla a la cuál tanto le había servido nunca le advirtió que algo así podía pasar. Después de cortarle los brazos y las piernas, Gato pasó la motosierra por el cuello y Pérez se entregó a la muerte encomendando su alma a Dios.

Gato odiaba la guerrilla con un rencor visceral, porque venía del Catatumbo y le habían matado a su padre por no querer pagar una vacuna, de modo que cada vez que picaba a alguien a motosierra, pensaba que le estaban pagando algo que le debían.

Después del vil asesinato de Pérez, en medio de muchas salpicaduras de sangre en la pared y en la puerta de la lujosa casaquinta, la viuda quedó llorando amargamente la muerte de su esposo y de su hijo. Ella recordó que muchas veces le había dicho a Pérez que no negociara con bandidos, pues quien hace tratos con bandidos tarde o temprano es traicionado. Por culpa de la desobediencia de Pérez, ella ahora tenía una casa lujosa y alguna plata que no significaban nada, porque era el resultado de muchas extorsiones y no el producto de un trabajo. Ante la pena que la embargaba, dijo que prefería no tener nada material, pero tener a su esposo y su hijo vivos.

Al siguiente día, un carro de Fiscalía y uno de medicina legal fueron parqueados a la sombra de un gigante mamoncillo, que estaba en el costado sur de la casa quinta de Pérez donde se habían reunido una gran cantidad de curiosos a ver los dos cuerpos que estaban cubiertos con sábanas sobre un charco de sangre que empezaba a secarse; los perros que después de dormir doce horas y todavía haciendo movimientos torpes, olfateaban los cuerpos, y la esposa y la hermana de Pérez que estaban abrazadas en un andén llorando sin control.

El mensaje de Dónal con los asesinatos, era intimidante y reafirmaba el mensaje que seis meses atrás habían puesto a las entradas de Cercados en un paredón blanco, el cual decía: "guerrillero desértate o morirás", mensaje al que nadie le había dado importancia en su momento. Donal quería enviarle un mensaje claro a la guerrilla, y lo había logrado.

Un fiscal, que ignoraba la situación por la cual habían cometido ese crimen, interrogó a la viuda:
-¿Cuántos hombres eran?
-Cuatro.

-Y esos dos perros grandes que usted tiene, no hicieron nada.
-No. Simplemente permanecieron dormidos todo el tiempo.

En ese momento la señora se dio cuenta que sus perros habían sido sedados a propósito, entonces supo que eran varias personas las que deseaban la muerte de Pérez.
-¿Usted vio el carro en el que venían?
-Sí, era uno parecido al que tiene el alcalde.
-¿Tenían alguna ropa especial?
-Sí, vestían uniforme militar.
-Muchas gracias señora, voy a averiguar a ver qué podemos hacer.

El capitán de la policía, quien escuchó la entrevista realizada a la señora, le dijo en un modo tajante al fiscal.
-Señor fiscal, este es un proyecto patrocinado por lo alto, necesito que esa última frase de la entrevista, donde dice que fue un carro parecido al del alcalde la elimine de la entrevista, haga otra hoja y transcriba todo menos eso, no se gane usted una pasada frente a la motosierra.
-Está bien mi Capitán- dijo el fiscal.

El fiscal supo que había un proyecto grande en desarrollo y que todo colaborador de la guerrilla caería. Así que terminó de hacer el levantamiento de los cuerpos; editó la entrevista con las indicaciones que le había dado el capitán, y reflexionó acerca de cómo podían unos seres humanos cometer semejantes infamias.

Uno de los escoltas del alcalde, notó que el carro en el que movilizaba al burgomaestre había sido movido del puesto de donde lo había dejado el día anterior, se sintió muy extrañado pues nunca en lo que llevaba de escolta de los alcaldes de turno había pasado esto; pensó que había sido el mismo alcalde quien lo había movido la noche anterior para salir a comer o algo por el estilo. Igualmente notó que la cojinería estaba desordenada y los tapetes no estaban como él los había dejado, pero igual no dijo nada. En su exhaustiva revisión del vehículo lo único que no vio fue una mancha de sangre en la llanta delantera del lado derecho.

Siendo las siete de la mañana el alcalde le dijo al escolta que fuera a mandar lavar la camioneta. Él lo hizo y esa tarde fueron a las exequias de Pérez y de su hijo. Mucha gente asistió al entierro.

Al siguiente día, en la tarde, un taxi paró frente a la casa del profesor Mario Méndez y un desconocido se bajó y golpeó la puerta. Cuando este salió le dijo:
-Profe, lo manda llamar el Caballo.
-¿Cuál caballo?
-El que manda en todos nosotros camarada, necesito que me acompañe.

Caballo era uno de los cabecillas de la guerrilla, encargado de la logística, y era quien ordenaba los retenes, las extorsiones y demás movimientos en la región. Como acababa de pasar el entierro de dos colaboradores de la guerrilla, el profesor pensó que lo habían mandado contactar para advertirle o para darle plata para que se largara con su familia, mientras la situación volvía a la normalidad. De modo que el profe, como lo llamaban en el barrio, se subió tranquilamente al taxi donde iban tres hombres, dos adelante y otro atrás. El profe ocupó uno de los puestos traseros y después de un tiempo el auto se detuvo en el basurero del pueblo y ahí el profe supo que lo iban a matar e intentó escapar, pero el frío de un cañón de una pistola 9 milímetros en su mejilla, le quitó las ganas de correr o de intentar cualquier cosa.

-Sabemos que usted recluta gente para la guerrilla, sobre todo estudiantes, gonorrea hijueputa- le dijo el pasajero de atrás, a quien los otros le decían Gato.
-Yo no he reclutado a nadie, no me diga eso, el que recluta gente es Pipas. Ustedes muy bien saben que Pérez y Pipas eran los que reclutaban gente y cobraban extorsiones.

El conductor paró el taxi al borde de la carretera para que nadie sospechara nada, bajó y con la ayuda de sus dos compañeros bajaron a empujones al profe y lo llevaron hasta el sitio donde los camiones de la basura descargaban y allí, se detuvieron. Gato, uno de los paramilitares empezó a propinarle golpes a Méndez, igual lo hacía Dónal. El Flaco Julio quien era el que había manejado el carro observaba todo, tenía una mochila en su mano y no comentaba nada.

-Decidme una lista cabrón, de toda la gente que es colaboradora de la guerrilla, quiero contactos, nombres, lugares, testaferros, todo eso lo quiero ya, o lo quemo vivo- dijo Dónal mientras miraba con odio a Méndez.
-Pipas, Francisco Mota, Miler Busetas, Año Viejo, Rapunzel- afirmó Méndez, mientras intentaba sobarse de los golpes y los culatazos que le habían pegado.
-Decidme más nombres, ¿quiénes trabajan para la guerrilla de los que viven en Chicamocha?- gritó Dónal.
-De Chicamocha sólo conozco a Cabro, el dueño del restaurante.

En ese momento Julio sacó dos alicates de su mochila, se los pasó a Gato y le dijo:
-Haga cantar más a este hijueputa.
-Muestre a ver si así canta mi pajarito- dijo Gato, quien agarró la mano derecha de Méndez, tomó su dedo central y lo apretó en la parte de la falange con un alicate, y cuidadosamente con un cortafríos tiro duro la uña de modo que la arrancó de raíz.
Ante esto, Méndez chilló de dolor y mientras intentaba sobar su dedo vociferó:
-¡Mátenme hijueputas!
-Dígame más nombres y lo mató- respondió Dónal.
-De verdad que no conozco a nadie más, ¡créanme!

En ese momento Gato arrancó la uña del dedo anular de la misma mano a la víctima, lo que provocó otro chillido de dolor. Sólo aquellos tres victimarios podían escuchar esos aullidos propios de un cerdo cuando recibe la puñalada en el matadero.

-¡Mátenme hijueputas! ¡Mátenme!- suplicaba Méndez, quien pensaba que no merecía morir así, y maldecía el día en que se dejó creer de Pérez cuando le dijo, que si le ayudaba a intentar reclutar jóvenes para la guerrilla ganaría buena plata y que ese negocio nunca tendría fin, pues la guerrilla nunca se acabaría, aunque acababan de enterrar a Pérez, lo maldijo mil veces por haberlo metido en semejante problema.

Después de haberle arrancado todas las uñas de una mano a Méndez, Gato encontró entre la basura una varilla que era como la pata de una silla de las que se usan en los colegios, así que la cogió y se la enterró en un ojo a Méndez, quien no ofrecía mucha resistencia a los victimarios porque, los golpes y las torturas que había recibido no le daban la posibilidad de moverse. Al ver la gritería confundida con el llanto de este hombre, Dónal sintió un poco de compasión y lo ultimó, con dos tiros en la cabeza.

Cuando llegaron al hotel que les servía de guarida, Dónal comparó la lista que le había dado el Ejército con la que le acababa de dar Méndez, y sólo una persona nueva aparecía en ella: Cabro, un comerciante del pueblo Chicamocha, quien al parecer era el encargado de recoger las extorsiones en los otros pueblos que no eran jurisdicción de Pérez. A Dónal se le hizo raro que en las listas que él tenía no apareciera este personaje.

Chicamocha tenía un clima agradable que atraía turistas. 28 grados de temperatura hacían atractivo el pueblo para cualquier foráneo. Quedaba a orillas del río al cuál le debe su nombre, a unos 18 kilómetros de Tipacoque. Aquel pueblito a quien el Maestro Eduardo Caballero Calderón inmortalizó en su obra, tenía un fresco aroma de naturaleza gracias a los árboles de mamoncillo, mandarina, naranja, tamarindo, y a las grandes extensiones cultivadas con tabaco. Alrededor del río, que separa los departamentos de Boyacá y Santander, habían desaparecido las iguanas, estos pobres animales cargaban la maldición de la que han sido víctimas muchas especies en este pueblo de indolentes porque a alguien se le había ocurrido decir que su carne y sus huevos eran afrodisíacos, y los pobladores se habían encargado de perseguirlas hasta encontrar sus nidos y los huevos eran recogidos para ser preparados fritos o en caldo y esperar los supuestos resultados afrodisíacos. Una vez el reptil se veía en problemas cuando los lugareños se acercaban a su nido, se defendía tirando coletazos, pero, ¿qué puede hacer un animal indefenso ante la ignorancia y el poderío del hombre? Los lagartos eran asesinados a piedra o con tiros de escopeta y su carne era vendida en el mercado, de forma ilegal, bajo los supuestos cuentos de que era afrodisíaca. Por esta razón, encontrar una iguana en el pueblo de Chicamocha era casi imposible, sólo en algunas fincas habían decidido los dueños dejar anidar a las iguanas sin matarlas, de modo que en esos lugares ellas se sentían seguras e iban a hacer sus nidos, pero igual su población se redujo terriblemente.

El pueblito era cálido todo el tiempo, la brisa caliente hacía que se tuviera siempre una sensación térmica alta, así que fue esa condición la que hizo que se convirtiera en un atractivo turístico para mucha gente de la región. En él había épocas del año en que no se encontraba habitación desocupada en ningún hotel, y los balnearios estaban a reventar en dichas temporadas.

El viejo conocido como "Cabro", era dueño de uno de los restaurantes más prósperos del pueblo, su restaurante vendía como mínimo 50 almuerzos diarios entre semana y los fines de semana tenían que contratar por lo menos cuatro empleados más ya que la venta de la carne caprina se multiplicaba y muchas veces no daban abasto atendiendo gente. Gracias a sus ventas y a su restaurante, le habían puesto ese apodo y no importaba para nadie como se llamara este hombre. Dado que las ganancias eran muy altas, Cabro compró rápidamente uno de los grandes balnearios del pueblo, conocido como "puerto Chicamocha", que estaba ubicado a la salida del pueblo, a unos 200 metros del puente que pasaba sobre el río. Este balneario tenía un espacio grande para parqueaderos; una pista de baile de tres hectáreas de grande; dos piscinas, una para adultos y una para niños, así como un tobogán al cuál se llegaba por medio de unas escaleras que estaban sobre un arco que en el atardecer generaba una sombra sobre el agua digna de cualquier película romántica. La prosperidad para Cabro y su familia era muy grande.

La opulencia parecía eterna, hasta que un día Cabro poseído por un ego insaciable y una avaricia incalculable, le creyó a un tipo que un día le habló en el balneario y le dijo que venía de parte de la guerrilla con el fin de proponerle un negocio. Ante el ofrecimiento, Cabro vaciló unos instantes, y le dijo que no estaba interesado porque no quería más negocios.

-Con los que tengo estoy bien- afirmó.
-Le conviene Cabro, va a ganar más plata que la que se gana con este negocio.
-¿De qué se trata?
-Simplemente necesitamos que usted nos preste su finca, la de loma de la vereda "loma del negro", para que mi gente se quede ahí, nosotros armamos campamento adentro del caney. Sólo es que usted nos lo permita.
-¿Cuánto me van a pagar por eso?
-Unos 30 millones mensuales, sólo es que usted autorice, saca la gente que tiene ahí arrendada y nosotros vamos, vivimos, cuidamos y administramos la finca.

La codicia del hombre es insaciable, aquel que se ufana de tener mucho, va a querer tener mucho más, porque no importa lo que vean los demás, para el avaro ninguna plata es suficiente. Por esta razón, Cabro cayó como cae una rata en una mortal trampa, y autorizó el ingreso de la guerrilla a su finca. Se las entregó como si esta fuera el hotel de ellos.

Es de recordar que el municipio de Chicamocha fue muy próspero en una época, porque era la capital caprina y tabacalera de Colombia. En una época las empresas encargadas del procesamiento de tabaco se habían establecido allí para ahorrar costos logísticos al llevar la hoja

hasta unos hornos lejanos para poderla procesar y fabricar cigarrillos. Había por lo menos unos doscientos trabajos directos y otros cincuenta indirectos entre esa gente, pero todo cambió un día cuando la guerrilla contactó por medio de un emisario a un representante de "Colombiana de cigarrillos". El hombre, haciéndose pasar por un obrero que buscaba trabajo, se acercó a los administradores de la tabacalera y les pidió cien millones mensuales para dejarlos seguir el procesamiento del tabaco allí. Ante esto el representante, un poco sorprendido porque la guerrilla en cambio de apoyarlos llegaba a extorsionar una de las tres empresas que daban trabajo digno a la gente, le respondió:
-Toca que me dé un mes para solucionar eso, usted debe entender que no tengo ese dinero en este momento.
-Dentro de un mes vengo pero por lo siguiente. Así que vuelvo el próximo mes pero a recoger doscientos millones, las órdenes que traigo es recoger cien millones cada mes, empezando hoy.

El fabricante de cigarrillos lo miraba incómodamente y analizaba cómo se complicaba la vida la gente por querer tener plata fácil, entonces respondió:
-Pues venga en un mes y le doy los doscientos. Hoy es primero, venga el siguiente mes.

El fabricante se contactó con las otras dos empresas y constató que estas también estaban en la lista de extorsionadas, de modo que hicieron un mutuo acuerdo. Como los representantes eran pocos y los empleados en su mayoría eran oriundos de la región, acordaron que el día 28 se iban a ir, con la nómina de los empleados, y con esa plata pagarían de nuevo la maquinaria y se irían a otro lugar donde la guerrilla no los extorsionara porque su fin era darle trabajo a las personas. De modo que el día 29 del mes, cuando los empleados llegaron a trabajar, no encontraron a nadie de la parte administrativa de la empresa, fueron a buscar en los lugares donde vivían y no encontraron a nadie, se habían marchado para nunca volver. Unos tres meses más tarde se supo por qué se habían marchado y los trabajadores se enteraron que no podían operar esas máquinas pues entrarían en violaciones de derechos de una empresa la cuál ahora funcionaba en otro lugar, también sobre la rivera del Chicamocha pero donde gracias a la presencia militar y a las condiciones geográficas, los brazos extorsionistas de la guerrilla no podían llegar.

Después de la desaparición de las empresas, la guerrilla empezó a extorsionar a los cultivadores del tabaco, a los dueños de restaurantes, tiendas y balnearios, de modo que aquella tarde Cabro supo que se iba a librar de las extorsiones de la guerrilla y ahora empezaría a recibir plata por dejarlos quedar en su finca, así que autorizó y en menos de un mes, en aquella finca había al menos unos 30 guerrilleros, en su mayoría hombres, quienes los viernes contrataban putas para satisfacer la libido concentrada.

La finca se convirtió en un terreno baldío, porque la guerrilla se retiró de la zona cuando se enteró de que Pérez había sido picado y de que un profesor había sido torturado por los paramilitares.

Aquella tarde Cabro estaba en su balneario, que ya disminuía el número de turistas que lo visitaban debido, en parte, a la caída de la economía, cuando de repente cuatro hombres entraron en su negocio, y uno de ellos, de ojos claros al que apodaban Gato, le dijo:
-Cabro, necesitamos hablar con usted.

Cabro enrojeció, su corazón latía a mil por segundo, no sabía qué decir, parecía que su boca se negara a pronunciar palabra. Después de unos segundos preguntó:
-¿Qué quieren de mí?
-Vamos a hablar con usted Cabro, por qué se asusta- dijo Gato mientras se levantaba la camiseta para que su interlocutor viera una pistola que portaba, ya que le había visto alguna intención de salir corriendo.
-Nos vemos en la noche, después de que cierre- dijo Cabro intentando ocultar su intranquilidad.

-¡Nos vamos ya!.. Yo no estoy jugando- dijo Gato, mientras se alzaba la camiseta y mostraba muy bien el juguete presente en su pretina.

Cabro encargó a una empleada que se encontraba pendiente de la caja y de la venta de la cerveza en la pista de baile, para que cuidara el establecimiento. Sacó la mayor cantidad de plata que pudo y luego le dio a la empleada las llaves de la caja y del negocio para que administrara y cerrara apenas fuera la hora del cierre.

Cabro subió con los visitantes a la lujosa camioneta Toyota Land Cruiser que llevaba unos cuatro días en el pueblo, pues en la región era muy difícil encontrar ese tipo de camionetas. Salieron del balneario y giraron a la izquierda como si fueran para el departamento de Boyacá pero, antes de pasar el puente, giró a la derecha por un ramal que conducía a una finca cercana.

Al siguiente día, cuando la familia, los empleados y los vecinos empezaron a echar de menos a Cabro, se emprendió su búsqueda. La versión entregada a la policía por parte de la empleada era muy vaga, pero ahora todos buscaban una Toyota Land Cruiser blanca, curiosamente andaban por los pueblos unas 10 camionetas de las mismas características y todas habían llegado por la misma fecha. La búsqueda no tardó mucho y hacia las tres de la tarde, después de una mañana llena de sol, un revoleteo en círculos de gallinazos puso en alerta a las autoridades sobre la posible presencia de un muerto en la orilla del río.

Cabro fue encontrado al borde del río, decapitado y con signos de tortura: estaba sin uñas, se las habían arrancado con alicates, y su cabeza nunca apareció. Los fiscales que hicieron el levantamiento del cuerpo, supieron que se trataba de él por la ropa que llevaba. Alertaron a las autoridades de los pueblos vecinos del cañón del Chicamocha, pues sospechaban que su cabeza, que había sido cortada con motosierra, había sido arrojada al río y en cualquier momento aparecería.

Durante el entierro, la esposa y sus tres hijos lloraron amargamente, y la viuda de la guerra sin sentido, decía sobre el ataúd: "yo le advertí que no hiciera negocios con bandidos, porque cuando los necesitó, no estuvieron para protegerlo".

Mientras Cabro era torturado, otro profesor del mismo colegio donde trabajaba Méndez recibió una llamada anónima. El profesor al que apodaban Pipas, estaba mirando televisión, cuando escucho su teléfono lo descolgó y al contestarlo le dijeron: "Usted es el siguiente Pipas". En ese momento recordó sus tratos con colaboradores de la guerrilla y con guerrilleros activos. Su rostro cambió de color e intentó seguir hablando pero su interlocutor colgó. Sabía que sus minutos de vida estaban contados y que todos los actos realizados ayudando a la guerrilla estaban por terminar. Ya no podría enviar más niños a la guerrilla con la promesa de darles una alta suma a sus familias; ya no podría traer más armas en su carro particular y dejarlas al borde de la carretera en guacales camuflado de tabaco, y las cuotas mensuales que recibía por colaborador se acababan.

Después de la amenaza telefónica, a Pipas lo único que le importaba era salir vivo así que se despidió de Mariana, su hija, sacó las llaves de su carro y caminó intentando disimular el afán que llevaba, y una vez llegó a la esquina donde estaba parqueado su vehículo lo encendió y -sabiendo que era un viaje sin retorno- se fue para Bucaramanga, en su cabeza lo único importante era saber que seguiría vivo.

Cinco minutos después o, quizá un poco menos de la partida de Pipas, dos hombres timbraron en la puerta de su casa.
-¿Quién es?- Preguntó Mariana desde la ventana del segundo piso, por donde se asomó.
-Buenas tardes, ¿Pipas se encuentra?
-Acabó de Salir.

-¿Sabe a dónde salió?
-No, no tengo idea, tal vez en la noche vuelva.
-Gracias.

De acuerdo a lo sucedido, Dónal supo que la información se había filtrado y que ya, posiblemente, todos los informantes de la guerrilla estuvieran advertidos sobre lo que estaba pasando, quizá mientras torturaban a Méndez, algún campesino había escuchado la gritería y los nombres pronunciados, porque no tenía otra explicación de cómo fue advertido Pipas de su pronto deceso.

Hubo una supuesta calma durante unos tres meses en el pueblo, pero nadie confiaba en nadie. Algunos informantes o personas colaboradoras de la guerrilla permanecían en el anonimato pensando que los paramilitares no tenían conocimiento de ellos. Así fue como siguió todo el proceso y una aparente calma reinaba en el pueblo.

Una tarde, después de que uno de los acaudalados habitantes a quien apodaban "Rapunzel", había ido a la terminal de transporte a recoger las planillas y la plata del producido de sus buses, dos hombres lo abordaron y le dijeron:
-Rapunzel, necesitamos hablar con usted.
-¿Quiénes son ustedes?
-Ya va a saber quiénes somos, ¡súbase al carro!, y no haga ruido.
-No me voy a subir hasta que me digan quiénes son ustedes.

Ante el enojo de Rapunzel, uno de los hombres se abrió la chaqueta para que él pudiera ver que estaba armado. Debido a la amenaza Rapunzel tuvo que aceptar entrar al vehículo.

La noche estaba oscura y el camino que seguía el taxi sólo se iluminaba por sus propias luminarias. El ruido de los grillos y de los sapos era lo único que interrumpía el silencio. Rapunzel en contra de su voluntad se había subido confiado

en que sus compañeros de viaje eran guerrilleros o colaboradores con intenciones de darle instrucciones sobre lo que estaba pasando en el pueblo, por su mente no pasaba ninguna cosa mala.
-¿Para dónde vamos?- preguntó.
-Tranquilo Rapunzel- respondió uno de los acompañantes y después de un breve silencio añadió:
-Vamos al confesionario.

Rapunzel supo en ese momento que no eran guerrilleros quienes lo habían sacado de paseo, reconoció que eran paramilitares pues de ninguna otra forma podría haber una confesión a esa hora de la noche y mucho menos, lejos de una iglesia.
-Sabemos que le trae armas a la guerrilla y las deja en el Cerro. ¿Es verdad que trabaja con Pipas y que dejan armas para la guerrilla en las veredas?, y… ¿es verdad que les trae comida de contrabando de Venezuela y se las deja en la entrada de la Vereda "El ovejo"?
-Porque ya cogimos a uno que estaba alzando un bulto de los que usted deja allá, lleno de comida y mercado.
-¿Tiene algo que contarnos diferente a lo que ya sabemos don Rapunzel?- pronunció el pasajero que llevaba al lado.

Rapunzel perdió la coloración de su piel, y un color pálido le adornó el rostro. Vio que el carro giró hacia la derecha, verificó que el auto llevaba la ruta hacia el basurero, el lugar a donde hace poco tiempo habían dejado a Méndez después de golpearlo y torturarlo a más no poder. Sabía que era hombre muerto, entonces imaginó quedar sin cabeza o sin uñas, como le pasó a otro colaborador, y se imaginó en poco tiempo la carnicería que realizarían esos hombres con él, así que tomó una decisión que igual no le cambiaría su destino, pero si su forma de morir. Se dio cuenta que su compañero de asiento y el piloto no tenían ninguna arma en la mano, y que el copiloto llevaba una prieto bereta en sus manos pero no estaba cargada, de modo que decidió actuar y, violentamente abrió la puerta del carro y sin importar que estaba en marcha, se lanzó y dio varios botes debido a la inercia por la velocidad del carro. El auto frenó, y mientras el

copiloto cargó su pistola y se bajó, Rapunzel se incorporó y se lanzó al abismo que bordeaba la carretera. Sus secuestradores se asomaron a la barda que ponía fin lateral a la vía y dispararon a la maraña, pero no vieron porque parte se había echado a rodar Rapunzel, de modo que no sabían si estaba vivo o no, porque la oscuridad y la densidad de la vegetación no permitían ver nada.
-Se voló este hijueputa- dijo Julio.
-De pronto le pegamos pero no sabemos, todo está muy oscuro, mañana venimos a ver o, por lo que se hable en el pueblo lo sabremos- respondió Gato.
-Vámonos.

Los tres se subieron al taxi y volvieron al pueblo, mientras tanto Rapunzel milagrosamente, al verse muerto, se lanzó al abismo y rodó por entre la maleza, e intentó tenerse de las plantas pero no era capaz, su profesión de chofer le había hecho adoptar más de cien kilos de humanidad, los cuales no eran fáciles de detener, así rodó hasta caer a unos matorrales densos que terminaban en unos árboles y en la pequeña quebrada La biota. Pese a que las ramas y el agua amortiguaron el golpe, quedó inconsciente un rato y una media hora después despertó. No podía creer que estuviera vivo y al ver que estaba en la quebrada, empezó a caminar aguas abajo, sabía que esa quebrada lo llevaría hasta el río.

Después de unas cuatro horas de caminata subió al puente del río Servitá, y cogió un bus que iba para Bogotá. Gracias a su peripecia logró salvar su vida y no pensó en volver a Cercados.

La aparente calma estaba otra vez reinando en la región y el sistema de vida que hasta ahora existía estaba cambiando. Poco a poco se veían camionetas de alta gama y motocicletas de alto cilindraje en la región, y una migración de trabajadoras sexuales llegó al pueblo y se instaló en la zona de tolerancia.

Unos seis meses después del descuartizamiento de Pérez, una camioneta oficial parqueó frente a los billares del municipio del "Cerro". En la primera mesa que se veía de pool estaba "Perro chiquito", que una vez vio la camioneta pensó que había llegado el Ejército, entonces corrió hacia el baño y dejó ahí una pistola que cargaba, por si se ofrecía una requisa no tuviera ningún inconveniente. Volvió rápidamente a su mesa y tomó su taco como si nada pasara.

En la camioneta viajaban seis hombres, todos de camuflado, pero Perro Chiquito empezó a sospechar que no eran del Ejército, porque no tenían presillas en sus charreteras, pero no podía hacer nada, igual pasaría como un campesino más que jugaba pool. De un momento a otro su pensamiento cambió cuando vio que de la camioneta de vidrios polarizados se bajaba el flaco Julio, quien no había vuelto a ver desde que se les escapó del campamento.

Cuando el Flaco lo vio le gritó:
-Hoy no te me vuelas perro hijueputa.

Perro chiquito intentó correr hacia el baño, pero su obesidad y su vida sedentaria no le permitieron correr mucho, en cambio Julio, que todos los días trotaba 14 kilómetros, era mucho más ágil, así que fue cuestión de unos cuatro segundos para que el flaco alcanzara a Perro Chiquito, quien estaba a unos dos metros de llegar al baño. Una patada de Julio lo mandó al piso.
-¿Quién es ese?- preguntó Dónal, que estaba parado en la puerta del billar.
-Este es uno de los comandantes del frente 45, este hijueputa es el que monta los retenes.

En ese momento Gato se subió a la camioneta y sacó una motosierra, mientras otros tres disminuían al guerrillero a punta de golpes con las bolas de billar y con los puños.
-Perdóneme Julio, perdóneme, yo no quería que usted me odiara, así es la guerra- decía Perro Chiquito cuando vio que el mono de ojos verdes sacó una motosierra de la camioneta.

-Cabrón hijueputa- contestó el Flaco y prosiguió: -Usted me metió en una guerra que no era mía, yo estaba prestando servicio militar porque necesitaba la libreta para poder trabajar, pero usted me secuestró, me tuvo como el peor de los reos, si no es porque llevan putas al campamento, no me les puedo escapar.

-¡Perdóneme Julio!, vea que después que usted se voló nosotros no le hicimos nada a su familia.

-Menos mal que no le hicieron nada, pero ahora yo sé dónde está toda su familia, si le llegan a hacer sus camaradas algo a alguien de mi familia, a su madre es la primera que pico para que ningún ataúd le sirva.

Las venas de las sienes del Flaco se habían brotado y Dónal podía ver el odio que cargaba, pensaba en qué tipo de vejámenes le habían hecho a ese flaco para que odiara tanto a la guerrilla. Ahora era tiempo de dejarle desahogar su ira, intentar frenarlo era imposible.

Julio le pegó una patada en la cabeza a Perro Chiquito que sangraba por nariz y boca, en ese momento Gato alzó la motosierra para prenderla. El Flaco gritó:

-No, este cabrón lo mató yo, y no voy a ensuciar la sierra para matar a este hijueputa, traigan la macheta y nadie lo toca, este es mío.

Perro Chiquito intentaba gritar que tuvieran piedad de él, trataba de levantarse del piso, pero cada vez que se sentaba, alguno de los visitantes le propinaba una patada que lo acostaba. Julio tomó una macheta que le alcanzaron, se paró frente a él y le lanzó un primer machetazo que le quebró un brazo; después en un movimiento igual le cercenó el otro. Perro intentó cubrirse, mientras chillaba del dolor, pero entre más chillaba, parecía que más odio despertaba en su verdugo, quien les ordenó a tres de sus acompañantes que lo pusieran en la mesa de billar, porque necesitaba darle un golpe certero al cuello. Ellos le hicieron caso y lo acomodaron encima de la mesa, dejando que su cabeza quedara apoyada contra el borde.

Se necesitaron cuatro machetazos para que la cabeza del guerrillero "Perro chiquito" se desprendiera del cuerpo; el flaco la levantó del piso, la tomó del pelo en actitud de victoria, caminó con la cabeza en la mano hasta la cancha de micro fútbol que estaba frente a la iglesia, alzó la cabeza como trofeo de guerra para que todo el pueblo pudiera verla y gritó:

-Que viva la tierra, paramilitar.

Ante el silencio de los vecinos, Julio soltó la cabeza y un instante antes de que ésta tocara el suelo, la pateó lo suficientemente duro para que quedara en el arco contrario a donde él estaba parado. Vio que sus botas quedaron salpicadas de sangre y se las limpió contra el prado del parque. Luego camino como si nada hubiera pasado hasta la camioneta y les dijo a sus acompañantes.
-Vámonos, aquí, por ahora, no nos queda más por hacer.

Muchas personas observaron atónitas el macabro espectáculo de odio y venganza, y quedaron sorprendido del odio que emanaba de la humanidad del flaco, pero nadie dijo nada.

Mientras regresaban a Cercados, Dónal pidió manejar la camioneta, porque vio a Julio muy alterado por la descarga de rabia que había dejado en su antiguo secuestrador, y pensó que no era prudente que Julio manejara en ese estado.

En un paraje solitario entraron el carro a una ramada y de entre una docena de pares de placas que cargaban en la camioneta sacaron unas y le cambiaron al carro las que llevaba puestas, de modo que si algún habitante de "El Cerro", había anotado las placas, estas pasaran desapercibidas.

Durante el viaje hubo silencio hasta que Gato lo rompió y dijo:
-Oigan, como Pipas se nos escapó podemos tumbar al hijo.

-No vamos a matar a nadie Gato- dijo Dónal – ¿por qué usted está en los paramilitares?, simplemente porque la guerrilla mató a alguno de los suyos. No podemos hacer mártires para una nueva guerra, simplemente vamos a matar a los de la lista, a nadie más, si matamos al hijo de Pipas, toda la familia de él nos va a odiar y van a querer lamberse a cuanto paramilitar conozcan, de modo que la idea es exterminar a la guerrilla, no es fabricar más enemigos para nosotros.

El discurso militar de Dónal siempre era convincente y generaba respeto en los demás compañeros, así que todos volvieron al silencio.

Esa misma tarde, se hizo necesaria la presencia de la Fiscalía en el municipio de "El Cerro". Las primeras versiones de la gente daban parte de que un carro oficial, con hombres del Ejército había parqueado ahí frente al billar del pueblo y tomaron a un campesino bajito que jugaba en la mesa más cercana a la calle y lo decapitaron a machetazos.

El fiscal ya sabía cómo cuadrar las declaraciones, pues el carro que describían los pueblerinos no podía aparecer en informes oficiales, de modo que se dio parte de un auto sedan rojo con hombres vestidos con trajes de uso privativo de las fuerzas armadas que había incursionado y que además, nadie había anotado las placas.

La escena era dantesca, aparecía sangre en el paño de la mesa de billar, sangre en el suelo, salpicaduras en las paredes, y narraciones según las cuales un hombre lleno de ira le cobraba a aquella víctima el haberlo tenido secuestrado y sometido a todo tipo de humillaciones.

Igualmente nadie escribió en el informe, porque nadie lo dijo, la razón por la cual el cuerpo de Perro chiquito estaba en el billar y su cabeza a unos 200 metros de ahí, en la cancha de micro fútbol del pueblo. Quedó ese vacío en el informe, pues nadie quería dar mayores detalles por miedo a una nueva visita de esos tipos, y tampoco hubo retratos hablados. Quienes tuvieron que dar declaraciones obligatoriamente fueron: el dueño del billar, su asistente y unos clientes que jugaban en otras mesas. Ellos dijeron que los foráneos iban todos encapuchados de modo que no había forma de hacer retratos hablados, porque el temor en la población era generalizado y nadie quería dar detalles.

Ya habían transcurrido unos seis meses desde la llegada de los paramilitares a la región cuando una llamada a Chapatín, cambió el rumbo de las cosas en el pueblo. Después de la llamada él tuvo una reunión con Dónal en un lujoso hotel del municipio (cada uno llegó por su lado sin levantar la más mínima sospecha), el único que sabía que esos dos interlocutores se iban a reunir era el dueño del hotel, quien era simpatizante de los paramilitares.
-¿Qué pasa Dónal?
-Me tengo que ir, de ahora en adelante llegarán Jairo y Pedro, unos paramilitares provenientes de Ocaña, de ahora en adelante la plata que se recoja se la van a dar a ellos.
-¿Y cómo sabré quiénes son?
-El próximo fin de semana llegan, ahora no será uno el comandante, serán dos. Ambos suboficiales del Ejército, si yo estoy aquí para ese día nos reunimos todos; si ya me he ido, yo le aviso y le doy una clave para que se encuentre con ellos.
-Listo Dónal, ¿hay algo más que deba saber?
-Por ahora nada.

Chapatín pensaba que ese proyecto se tenía que acabar, pues el objetivo inicial ya se había cumplido, y ahora era necesario que sólo mandara la fuerza pública, la aparentemente legitimada en el Estado Social de Derecho. Él, como miles de personas de bien, creía que los grupos al margen de la ley no tenían que estar más, pero no consideró oportuno decirle esto a Dónal, debido a los actos de barbarie cometidos por él y sus amigos en los últimos tiempos. Así que decidió esperar a Jairo y Pedro para comentarles su inquietud.

DE LA TROPA AL PARAMILITARISMO

"Tirados en el piso, arropados por ese polvillo fino y urticante que desprende la tierra recién pisada, no se cansaban de contar sus historias de dolor sobre los hijos que las FARC les arrebataron una tarde para llevarlos a sus filas, como pago de su impuesto de guerra y de todos los que murieron por negarse a colaborar"
Glenda Martínez.

En el batallón de Ocaña, había un aire de tranquilidad por los últimos operativos realizados en el Catatumbo. Las bajas en la guerrilla y la destrucción de laboratorios de cocaína estaban sirviendo para generar permisos y una gran felicidad en la tropa.

El hecho de poder ver a la familia así sea unos cinco días, significa la gloria para aquellos a quienes una guerra los lleva lejos de sus seres queridos. Esta misma alegría estaba generalizada en un pelotón proveniente del Catatumbo con 32 soldados, dos suboficiales y un oficial, quienes celebraban las bajas y ya contaban con el permiso para ir a sus casas.

Dicho permiso fue concebido a 33 personas. Los dos suboficiales, quienes habían compartido muchos enfrentamientos fueron llamados a la oficina del Coronel Gonzáles, que era quien mandaba en el batallón y él les dijo:
-Tengo una mala noticia para ustedes.
-¿Cuál mala noticia?- respondió el sargento Rojas.
-¿De qué se trata esto?- dijo el sargento López.
-Lean esta notificación. Llegó por aparte a cada uno, pero dice lo mismo.
Entregó a cada uno de ellos el respectivo radiograma, el cuál decía:
Fuerzas Militares del Ejército: Ejército Nacional

Jefatura de operaciones. Ocaña, Mayo 15 de 2001

Radiograma, operación inmediata.

De: División central de Inteligencia.
Para: Coronel, Gonzales Celis Juan José.

De acuerdo a informes realizados por inteligencia durante los últimos tres años, sírvase notificar a los suboficiales mencionados a continuación. De su destitución de las filas del Ejército. Notifíquese y cúmplase.

Sargento segundo: Rojas Rodríguez Esteban.
Sargento segundo: López Bonilla Robinson Damián.

Que a partir de la fecha no pertenecen al Ejército. Brigadier General.

Bautista Romero Juan Camilo
Jefe de inteligencia del Ejército.

"Fe en la causa".

Después de la lectura, los dos suboficiales que habían dejado más de la mitad de su vida en las filas del Ejército y que habían cometido el error de dejar que los paramilitares hicieran el trabajo que ellos no podían hacer debido a las restricciones de Derechos Humanos que recaían sobre ellos, no salían del asombro. Era injusto que fueran despedidos como perros de la institución a la cual le habían entregado los mejores años de su vida.
-¿Esto se puede apelar?- preguntó Rincón.
-No creo- respondió Gonzáles -ustedes saben cómo son los procedimientos aquí, todos los días se apelan este tipo de decisiones pero igual ninguna progresa. Todos son dados de baja, después de que usted esté metido en ese tipo de cosas, no hay nada que hacer, ustedes verán si quieren apelar, pero creo que las esperanzas son nulas.

-Usted nos vendió. Cierto hijueputa- gritó Rojas, -usted nos tildó de paramilitares, pero usted también trabaja con ellos, cómo es que nos va a vender de esa forma.

-Yo no he vendido a nadie Rojas, usted sabe que inteligencia está en todas partes, alguno los pudo haber aventado pero no fui yo.

-Vea, voy a averiguar pero si llego a saber que fue usted, se va con nosotros, porque también tengo pruebas y testigos de cómo usted le pasa información de inteligencia a los paramilitares.

-Haga lo que quiera, igual ustedes ya no son parte del Ejército, y de aquí se van de civil, esas prendas son de uso privativo de las Fuerzas Armadas.

-Venga intente quitarme el camuflado cabrón, respondió López, nosotros los suboficiales hacemos la guerra, usted desde una oficina no hace más que hablar mierda, así que no se ponga a joder con nosotros porque le va mal.

-Salgan los dos de mi oficina.

-Entréguenos el Paz y Salvo- dijo Rojas.

-Ese documento se demora quince días hábiles.

-Mañana vengo por él- respondió Rojas.

-Como sea mañana me lo entrega- dijo López.

Los dos suboficiales ardidos y humillados, se fueron a una cantina que quedaba cerca del batallón, pidieron un litro de aguardiente y procedieron a atar cabos. Una y otra vez llegaban a la reflexión de que el artífice de su baja era el coronel.

Al día siguiente, los dos suboficiales llegaron al batallón. En sus maletas llevaban la dotación que tenían y que pertenecía al Ejército. El soldado que estaba en la puerta, quien ya sabía lo que había pasado y les tenía mucho respeto, los llamó como de costumbre.

-Mi sargento, siga.

-Gracias- respondió Rojas.

-Siga mi sargento.

-Gracias- dijo López.

Cuando entraron a la oficina del coronel, el estafeta que estaba en la sala que sirve de espera para los visitantes les dijo que el coronel estaba ocupado y que lo esperaran.

Rojas miró a López, se dirigió a la puerta y en su acento nativo gritó: -Será que esta gonorrea nos va a mamar gallo- y de una patada abrió la oficina del coronel, quien se puso rojo cuando lo vio. El estafeta no hizo nada para detener a los dos suboficiales, de modo que los actos fluyeron.
-Imprima un formato de Paz y Salvo y firme cabrón, que lo que tenemos es afán, ahora sí nos esperan en los paramilitares, ya no tenemos que cumplir órdenes para matar guerrilla, firme a ver- dijo Rojas mientras lo miraba con odio.
-No tengo esos formatos- respondió Gonzáles.

-Estafeta, vaya a alguna oficina, consígame dos Paz y Salvos- gritó López.

En menos de un minuto el estafeta trajo los dos documentos, Gonzáles los firmó y reflexionó que no podía enfrentar en ese momento, a esos dos ex convictos, porque supuraban odio y estaban armados. Fácilmente lo hubieran podido matar ahí.

Cinco minutos después, los dos ex suboficiales salieron del batallón, para unirse a las filas de los paramilitares.

Al ser recibidos como paramilitares, dejaron sus nombres de pila y recibieron otros. Rojas a partir de ese momento se llamó Jairo tomate, y López se llamó Pedro, e inmediatamente fueron enviados a la región del Chicamocha, a reemplazar al comandante paramilitar saliente Dónal, quien los esperaría en alguno de los municipios de la región para hacer un empalme de las operaciones e informales como marchaba la limpieza.

LA ZAGA DEL TERROR

"Sabía que, a pesar de su humilde oficio, aquellos carreteros eran hombres muy orgullosos que, por una cuestión de honor como era su derecho de precedencia en la carretera, podían matarle de un navajazo y después seguir tranquilamente su camino con una canción en los labios"
Mario Puzo.

En el hotel Chicamocha, del municipio que lleva su nombre, bajo los 32 grados de calor, el constante sonido de grillos y chicharras, y el ondear continuo de las palmeras por la brisa proveniente del río se reunieron tres comandantes paramilitares, dos que asumieron todo el mando y uno que entregó un cartapacio de hojas con informes.

Los primeros eran Jairo y Pedro, oriundos de Medellín, quienes, por su acento paisa despertaban curiosidad en las personas, pero esto no era impedimento para que ellos siguieran un proyecto que -para algunos- estaba dando excelentes resultados.

El último era Dónal, quien entregaba el mando para irse a los llanos orientales del país a cumplir otra importante misión ordenada por el comando central de las autodefensas.

Al entregar el informe a los nuevos comandantes, Dónal explicó quiénes habían caído, quiénes se habían escapado y cuantos quedaban pendientes, y contrastó la lista elaborada por él y Julio, mientras fueron supuestos vendedores de Hierbas por todos los municipios de la provincia; con las listas suministradas por el Ejército que eran producto de interceptaciones a las comunicaciones de la guerrilla.

Dónal indico que las finanzas las recibían de Chapatín, y les dio el número de celular de él, un número privado del que solo Dónal tenía conocimiento y en el cuál no se hablaba nada comprometedor. Les explicó que las frases debían ser: lo espero frente al estadio, para indicar un hotel en Cercados, o cualquier palabra que si alguien llegaba a interceptar las comunicaciones, no lograra entender los mensajes.

Para consolidar una nueva estrategia, que les permitiera acabar a quienes aparecían en la lista, Jairo decidió, que montarían un retén cerca al municipio de Chicamocha, para hacer pequeñas cacerías a los posibles colaboradores de la guerrilla, pero que estos retenes, a diferencia de los métodos de la guerrilla, se montarían a medio día, que es cuando pasan más buses por ese sector.

El modus operandi de estos paramilitares era muy similar al que utilizaba el Ejército, para que la gente pensara que era el Ejército quien tenía el control.

Unos metros antes del retén, ubicaban una barda que decía: "Reten militar a 300 m". Con esto advertían a los choferes, pero las cosas cambiaban cuando paraban y no eran militares quienes se subían al bus a realizar la requisa, sino hombres con brazaletes en los cuales se leían claramente las letras "AUC".

Cuando se tomaban un bus, les decían a los pasajeros: "Buenas noches señoras y señores, nosotros somos las autodefensas unidas de Colombia, este operativo tiene el fin de verificar que en el bus no viajen auxiliadores de la guerrilla".

Una semana después de la llegada de Jairo, cuando ya llevaban tres días de montar reten en una de las rectas que separan a Chicamocha de Tipacoque, pararon una flota, dieron su discurso y pidieron las cédulas de ciudadanía de todos los viajeros, John Cáceres, un habitante de Cercados y que había escuchado de cerca la barbarie a la que esta gente sometía a las personas entregó su cédula sin ningún temor, y como viajaba a mitad del bus pensó que su cédula era una de las intermedias en ser verificada y entregada,

pero, después del análisis, Pedro dijo: John Cáceres, y ante esto, John empezó a saltar y a gritar desesperadamente diciendo: Yo no conozco a nadie, yo no soy, ustedes me están confundiendo, no me maten. Gritó y corrió desesperado por la carretera y luego salió por un costado de ella y se dirigió hacia el río. Pedro y los demás ayudantes que estaban no comprendieron lo que pasaba y por qué había salido corriendo, entonces Jairo dijo:
-Ustedes lo llamaron de primeras y el tipo pensó que lo iban a matar, pobre hombre.

Fue necesaria una comisión de gente ayudante para buscar por todo el borde del río a John. Un campesino lo encontró y le preguntó:
-¿Qué le pasó joven?
-¿Usted quién es?, no me vaya a matar, yo no soy.
-Espere chino, yo no soy capaz de matar a nadie. Dígame ¿qué le pasó?
-Los paracos me van a matar… ¡Ayúdeme!
-Tranquilo, aquí en mi casa está seguro.

Unas tres horas más tarde, gracias al aviso que dio el campesino, llegaron los padres de John para llevárselo, pero este había perdido toda cordura mental, hablaba solo, entraba en ataques de paranoia y no sabía quiénes eran buenos y quienes malos. Ese episodio le dañó la vida, pues de ahí en adelante se convirtió en John el loco que deambulaba por las calles de Cercados sin tener rumbo fijo, ni conocer a nadie, sólo sabía llegar a su casa a las horas de las comidas, el resto del tiempo se le veía caminando por todas partes del pueblo o viendo partidas de billar o de micro fútbol.

Los paramilitares siguieron haciendo sus retenes, la confusión y posterior locura de John sirvió para advertir a la gente de que no entrara en paranoia si no debían nada. Pero era complicado no asustarse ante matones de esa estirpe.

Uno de los de la lista que había dejado Dónal, era un concejal de Cercados que se pavoneaba por todos los pueblos de la región de matón, andaba siempre con un revólver en su cinto, y parecía un pavo real caminando por su área de marcha, cada vez que habían elecciones se hacía reelegir pagando a 50 mil pesos cada voto a favor de él, lo hacía en unas tres veredas asegurándose que el umbral se cumpliera y que cada voto que saliera fuera a favor suyo. La gente no tenía opción de escoger a la hora de votar, era la plata o te mueres, al mejor estilo maquiavélico practicado por muchos en Colombia.

Jairo tenía observado cada uno de los movimientos de nuestro concejal, de apellido Marín: a qué horas salía, a qué horas entraba, con quiénes andaba todo el tiempo. Dos tipos lo acompañaban continuamente, pues sabía el riesgo que corría ante la presencia de sus enemigos de modo que aparte de andar armado, siempre andaba con dos escoltas. Después de un mes de inteligencia, Jairo y Pedro acordaron el plan para acabar con Marín.

Como los dos escoltas se quedaban en una habitación que arrendaron cerca al parque, siempre dejaban a las siete en su casa a Marín, desamparado y sin protección. Marín vivía con sus dos hijos y su esposa, y los viernes los hijos se quedaban en rumba en una discoteca del pueblo o en el parque tomando trago con toda la gente que estuviera. Así que fue un viernes el día que realizaron el golpe fulminante a Marín y a sus escoltas. Siendo las nueve de la noche, un golpe en el cuarto donde estaban los escoltas de Marín, les interrumpió la telenovela nocturna y los puso muy alerta.
-¿Quién es?
-Venimos de parte de Marín, que si pueden ir.
-¿Ir a dónde?
-A la casa de él.
-Espere un momento.

El escolta que estaba en la puerta abrió, tenía una pistola en la mano, pero una vez giró la puerta, vio que tres armas al tiempo le dispararon. Intentó reaccionar pero estaba enfrentándose a tres gatilleros ágiles, quienes no le dejaron tiempo de parpadear. En pocos segundos un charco de sangre adornó la entrada del apartamento. El que estaba acostado en una de las dos camas intentó tomar una pistola que tenía en una mesita de noche, pero así como fue cubierto de bala el cuerpo de su compañero, los atacantes entraron inmediatamente a la habitación y lo mataron. Dos cuerpos baleados quedaron en aquella habitación, uno en la entrada con unos seis tiros y el otro con unos 18 tiros; pues gran parte de los proveedores fueron vaciados sobre él, porque era el que más tenía chance de reaccionar.

Los visitantes dejaron el hotel sin ninguna prisa, tranquilos, salieron como si nada hubiera pasado, y ninguno de los trabajadores del hotel pronunció palabra alguna a los forasteros.

Al mismo tiempo que golpearon en la habitación de los escoltas de Marín, llamaron a la puerta de la casa de Marín; ellos sabían que sólo habían dos personas en la casa: Marín y su esposa Martha. Cuando repitieron los golpes en la puerta, ella abrió y el visitante, apodado Flechas, la saludó, y simulando algo de amabilidad preguntó si Marín estaba en casa.

La sangre de doña Martha se ausentó de sus mejillas y de su rostro, porque palideció instantáneamente; ella sabía el motivo de aquella visita aunque no conocía las eminentes personas a las que tenía al frente. En un intento desesperado por salvar a su esposo afirmó que él había salido con todos los concejales a una reunión en el club.

Marín, que estaba en la casa, al escuchar a los desconocidos preguntando por él y, sabiendo que nadie iba a buscarlo un viernes a esa hora, intuyó las intenciones de ellos, así que corrió al solar y saltó a la casa contigua. Pero la suerte no lo acompañó porque al saltar se paró en unos tarros de pintura que estaban en un una tabla anclada a la pared y cuando estos cayeron, hicieron un ruido que alertó a Flechas, quien asumió que la señora los había timado para salvar la vida de su esposo, así que sin pensarlo mucho sacó su Prieto Bereta y le pegó un tiro en el pecho e ingresó con rapidez a la casa.

Como los asesinos no conocían la vivienda, entraron a una sala y siguieron a un patio que estaba rodeado de habitaciones, vieron al lado izquierdo un pasillo que conducía al solar, así que entraron por él a buscar a Marín, pero no había nadie, él ya se había escapado.
-Se nos voló este hijueputa- dijo Flechas.
-Vieja muy boba, hacerse matar por un guerrillerito de poca monta.
-Por salvarle la vida le tocó morirse hoy.
-Ese no debe estar lejos. Tarde o temprano lo volveremos a ver- dijo Jairo.
-Igual ya sabe que lo estamos buscando.
-Ya debieron haberle bajado a los dos guerrilleros que cargaba de escoltas, ahora cuando lo vea, lo voy a rellenar de bala.

Cuando fueron a salir, Flechas notó que doña Martha aún respiraba, con mucha dificultad pero respiraba, porque al parecer, la bala le había atravesado un pulmón pero no el corazón. Él recordó que había sido timado por la señora y le pegó otro tiro, esta vez en la frente para que no le quedara ninguna palpitación cardiaca.

Jairo prendió su motocicleta, la Dt 125 color negra, que tenía manilares, un guardabarros delantero y rines amarillos que la hacían una de las motocicletas tipo enduro, más atractivas que habían llegado al pueblo, pues antes sólo había motocicletas viejas tipo sport, debido al temor en la gente de que la guerrilla se llevara las motos.

Después de un rato, llegaron al billar "la clase", donde sus compañeros los esperaban, pues ese era el lugar pactado para encontrarse después de haber cometido los crímenes previstos.

-Se nos escapó ese bastardo- dijo Flechas, la vieja se puso a decirme mentiras y me entretuvo mientras el muy cobarde, se escapó por el solar de la casa.

-¿Y qué hicieron entonces?- preguntó Pedro.

-Pero qué... no pudimos hacer nada, sólo le metí dos pepazos a la vieja por mentirosa. La cucha se hizo matar por defender al marido.

-Ya no se puede hacer nada- dijo Jairo.

-Si lo volvemos a ver lo relleno de bala- reiteró Flechas.

En medio del aburrimiento, llamaron al mesero y le pidieron un litro de aguardiente Superior y una cajetilla de cigarros Belmont, porque después de sentenciar y ejecutar la muerte, los asesinos cubren su conciencia con alcohol y tabaco.

La mayor parte del tiempo, los contratados por Chapatín permanecían borrachos, eran los clientes frecuentes de "la clase", pues este nombre servía para el billar que funcionaba en el primer piso y para la cantina que estaba en la segunda planta, ambos negocios muy prósperos y de los pocos que no pagaban vacuna a ningún grupo al margen de la ley.

AMISTAD ENTRE INOCENTES

*"Reina se dio vuelta y me miró, no como se mira a
cualquier cosa, no, sino como se mira a algo que uno
quiere mirar"*
Jorge Franco.

Cerca de la casa de la nonna de Hiena, se fue a vivir la
familia Gutiérrez. El padre que se llamaba Demetrio, había
participado en algunas de las últimas guerras entre liberales
y conservadores, vendettas entre dos mandos que luchaban
por unos supuestos ideales que no entendían, pero que sí
producían un elevado número de muertos.

Los de los dos lados, eran víctimas de las mismas familias
que siempre han mandado en Colombia, que se hacen
llamar enemigos pero que, se sientan a tomar whisky en los
putiaderos más prestigiosos del extranjero, mientras el
pueblo ignorante se mata.

Demetrio había conocido a doña Margarita cuando esta
tenía dos pequeños hijos: Rónal y Lina, pero Demetrio le
profesaba tanto amor a esta señora que no tuvo
inconveniente en darle el apellido a esta pareja. Después
vinieron los demás: Sergio, María Victoria y Martín.

Para los hijos de los Gutiérrez los juegos de calle fueron el
mayor distractor, fue la calle el espacio donde se afianzó la
amistad principalmente entre Hiena y Rónal, quienes fueron
los que siempre organizaron los juegos.

Por las aventuras de calle, Hiena no tuvo ningún problema
en adoptar su nuevo nombre, porque pensaba que él, como
las hienas era un sobreviviente de la selva. Él siempre que
se pronunciaba esa palabra, se sentiría aludido sin
ofenderse.

Maras, trompo, banquitas callejeras, cinco huecos, taco y
bate, entre muchos otros, fueron las principales actividades

lúdicas para ellos y para muchos otros niños, que eran felices y no lo sabían.

Aunque los contextos de violencia generaban riñas constantes entre los niños, nunca hubo diferencias entre estos tres infantes que se trataban y se defendían como hermanos: nadie se metía con Hiena pensando en que Rónal lo respaldaba, así mismo cuando Sergio se veía en problemas y Hiena estaba presente, este respaldaba a Sergio. Hubo siempre una hermandad entre los tres, la camaradería a la hora de las riñas los hizo sentir todo el tiempo unidos.

Los niños fueron creciendo, sus roles fueron cambiando y se hicieron víctimas de los prejuicios que impone una sociedad elitista y fascista. Hiena cumplía con sus compromisos académicos a media máquina, mientras que Rónal se había retirado de la escuela y se la pasaba por el pueblo sin rumbo fijo como un casanova, porque su apariencia física le ayudaba a que las niñas más atractivas figuraran entre la lista de novias o exnovias de él. Hiena estudiaba mientras que a Ronal, un poco de ejercicio constante, le bastaba para sentirse feliz y estar preparado para salir en las noches por las calles del pueblo a deambular de la mano de alguna de sus acompañantes de turno, siempre exhibiendo su capacidad de conquista como nadie más podía hacerlo en el pueblo.

Sergio, al igual que Hiena estudiaba y trataba de cumplir con los compromisos que le ponían en la escuela, aunque nunca comprendía para qué serviría cumplir con todo eso, él trataba de asistir y no perder ningún año para no ver a su señora madre decepcionada como ya le había pasado con Rónal, quien no tenía un objetivo claro de vida.

Los demás miembros de la familia Gutiérrez asistían a la escuela, para ellos la señora había creado una figura de que si no asisten a la escuela no serán nadie, a partir de esa premisa los obligaba a asistir y a que cumplieran lo mejor posible con la academia.

Un día, alrededor de las 4 de la tarde, Hiena estaba jugando billar a unas cinco cuadras del parque y vio pasar a una señora corriendo y llorando sin cesar, se alarmó y la preguntó a Rafael:
-¿Usted conoce a esa señora?
-Creo que es la hermana de Ramiro, el peluquero.
-¿Sabe por qué llora?
-Ni idea, ¿quién sabe qué pasaría?

Rafael se asomó a la puerta del billar, cuando vio que mucha gente corría hacia un punto en común, al igual que la señora que acababan de ver pasar, le dijo a Hiena:
-Pasó algo, allá se está reuniendo gente.

Hiena miró desde la puerta del billar que toda la gente caminaba hacia el mismo punto y dijo:
-Vamos a mirar.
-Vamos- dijo Rafael.
-Tiempo,- gritó Rafael- y después de verificar en el reloj cuanto era la cuenta del billar, canceló sin discutir, pues el afán que llevaba por enterarse de lo que había pasado era mayor a una discusión por unos 300 pesos que el garitero siempre cobraba de más.

La calle estaba llena de gente y todos se abarrotaron alrededor de la peluquería de Ramiro, que tenía 22 años y desde que tenía 18 había montado su propio salón de belleza. Ramiro era conocido porque desde que se graduó del colegio montó su negocio y su hombría era tanta que nunca ocultó su homosexualidad, lo cual era un delito en un pueblo víctima de los prejuicios religiosos, porque supuestamente tener una inclinación sexual diferente a la que dice la religión es una terrible aberración.

Se acercaron a la peluquería, sospechaban qué había pasado. Vieron a Rónal Gutiérrez, quien intentaba levantar la cabeza para ver qué había pasado, después del saludo cordial entre jóvenes, Hiena preguntó:
-Rónal, ¿usted sabe qué pasó?

-Mataron a Ramiro.

-¿Por qué lo mataron?

-Porque era marica.

-Por eso… no creo, ¿acaso qué delito es ese?

-No sé Hiena, ese es el chisme.

Al otro día, mucha gente asistió al funeral de Ramiro, pero Hiena prefirió verlo desde el parque, frente a la iglesia.

Hiena se enteró que la guerrilla mató a Ramiro y que al lado de su cadáver pusieron un cartel que decía: "Por homosexualismo, por corrupción de menores y por organizar encuentros sexuales perversos".

Hiena, que desde unos tres años atrás, veía que su profesora de religión hablaba de ética y de valores que no practicaba, vivía censurándose acerca de la veracidad de toda la religión que, supuestamente le profesaban los religiosos y las profesoras de religión del colegio. Había leído en un libro acerca de la peste negra que contagió y desapareció en la antigüedad a una tercera parte de la población de Europa, y como la Iglesia católica fue culpable, porque había declarado a los gatos emisarios del diablo y, por esas palabras, la gente cogía los gatos y los quemaba en alguna de las hogueras públicas puestas en los parques de las principales ciudades; comprendió que la gente acabó con los gatos y eso hizo que las ratas abundaran porque desapareció su principal depredador, y al morir las ratas, sus pulgas saltaban a las personas y las contagiaban de la peste bubónica, matando gente por todas partes, de modo que el punto de inicio de la peste bubónica fue un absurdo prejuicio de los líderes de la Iglesia católica.

Cosas como estas, llevaban a que Hiena hiciera muchas conjeturas acerca de las premisas de la Iglesia y recordara muchos de sus errores como la quema de la biblioteca de Alejandría; el pago de indulgencias, y cosas más graves como la prohibición a los sacerdotes de tener esposa, causando con esto múltiples escándalos de pederastia.

Hiena pensaba que para la Iglesia los pederastas no eran pecadores, pero sí lo eran los homosexuales, absurda lógica con la que no estaba de acuerdo.

Él asistía al entierro de un muchacho cuyo único delito era declarar abiertamente al mundo su homosexualismo, Hiena no podía entender tanta injusticia humana, de modo que ese acto le parecía otra infamia hipócrita, así que simplemente se quedó reflexionando frente a la Iglesia y no entró en ella.

Hiena y Rónal Gutiérrez vieron la entrada del féretro desde uno de los escaños del parque, ninguno creía en la religión, pero igual, guardaron respeto a la ceremonia que se oficiaba.

-¿Te parece justo eso Rónal?, matar a Ramiro, por ser homosexual- preguntó Hiena.
-Es injusto Hiena, creo que gran parte de personas en este mundo son homosexuales y no lo declaran, pero ¿por qué no le permitirán a la gente que muestre lo que es?
-Creo que tengo parte de la respuesta, la religión trajo muchos prejuicios, creo que eso viene desde la conquista, porque antes de ella los indígenas llamaban a los homosexuales: "hombres de dos almas", pero después con la conquista, llegó la religión, les hicieron creer a los indígenas que si no se bautizaban eran seres sin alma y les hicieron creer que el homosexualismo era un delito comparable con la herejía o con la brujería, de modo que de ahí en adelante reprimieron a los homosexuales, quién sabe cuántos más hayan muerto por eso.
-Sí, tiene razón en eso-replicó Rónal- recuerde al escritor Oscar Wilde, lo condenaron por un delito llamado "sodomía", que si analizamos es lo mismo. A él lo reprimieron y hasta estuvo preso. Sólo a una Iglesia que no valora la diversidad humana se le ocurre eso.
-Hagamos otro análisis, se supone que estamos en un Estado Social de Derecho, ¿cierto?, Analicemos las frases por las cuales supuestamente la guerrilla dispuso de la vida de Ramiro a ver si en un tribunal hubieran sido objetables o no.

-¿A qué análisis se refiere Hiena?
-Por ejemplo, ya vimos que por homosexual nadie debe ser juzgado, ni discriminado, ni debe sufrir ninguna represión, ¿cierto?
-Usted lo ha dicho, el argumento de homosexualismo se cae.
-Ahora dígame Rónal, el segundo argumento que decía en ese panfleto era: "por corrupción de menores", ¿usted a los cuántos años tuvo relaciones con su primera mujer?
-A los trece.

Después de una larga risotada por parte de Hiena, prosiguió:
-Usted empezó a los 13, y ahora tiene 18, significa que ha disfrutado cualquier cantidad de mujeres en los seis que lleva. Yo tengo 16 y no he tenido ninguna, a mí me ha tocado sobrevivir a punta de paja.

Rónal Gutiérrez empezó a reírse descontroladamente, no creía que a su amigo le hubiera tocado saciar todos sus deseos sexuales masturbándose. Su risa se detuvo cuando Hiena le dijo que dejara de reírse para que la gente que estaba en el atrio no fuera a pensar que se estaban burlando de algo relacionado con el entierro.

Rónal retomó la seriedad y le pidió que siguieran hablando del tema.
-A los 13 -dijo Hiena-, ¿y sintió que su personalidad se le atrofió?, ¿cree que tiene traumas y que abusaron de usted?, ¿piensa que haber empezado a esa edad tan temprana, le generó alguna secuela para su vida?
-Ninguna. Antes me sirvió porque ahora ya sé cómo llegarle a las viejas y caen facilito. Cuando yo era igual que usted, un inexperto, pues pailas, no conseguía nada.
-Bueno, entonces le voy a decir otra cosa- asintió Hiena -si usted puede ver los supuestos menores que se la pasaban allá, son personas de 16 años en adelante, y usted ha visto quiénes son igual que yo.
-Sí, los he visto a todos.

-Entonces, como usted acaba de decirlo, aunque la guerrilla no tenía ninguna certeza de qué hacían esos menores metidos en el salón de belleza, igual que nosotros tampoco la tenemos. Eran personas con criterio, con capacidad de pensamiento. Puede que la ley diga que son menores de edad, pero ninguno de ellos llegó allá obligado, todos llegaron bajo su voluntad. Al igual que todas las mujeres, jóvenes y viejas, que llegan a buscarlo a usted. Ninguna llega obligada.

-Cierto don Hiena. ¡Filósofo!

-Entonces, ese argumento de corrupción de menores tampoco hubiera progresado en un tribunal, porque simplemente no habría evidencia suficiente para decir que Ramiro estaba corrompiendo a alguien, así que la guerrilla también dispuso de la vida de alguien sin darle siquiera una oportunidad de hacer una defensa de sus derechos. A él lo mataron bajo argumentos que nunca encajarían en el derecho penal.

-Y el otro argumento, el de organizar encuentros sexuales perversos, ese tampoco progresaría porque, como usted lo dijo: "nadie estaba allá en contra de su voluntad"- dijo Rónal.

-Es igual que los que van donde las putas, todos entran bajo su libre albedrío. Mataron a Ramiro injustamente, fue una terrible injusticia. Igual todo eran chismes, no ha habido nadie que diga exactamente que hacían o no hacían en ese salón de belleza.

-Si-, dijo Hiena; la guerrilla debió haberlo llamado y preguntarle que si todo lo que hablaban de él era cierto, o por mucho, decirle que se fuera para siempre del pueblo. Es increíble tanta miserablesa humana.

-Escúcheme esto Hiena, tarde o temprano, si la guerrilla sigue cometiendo este tipo de actos de barbarie, alguien se va a levantar en contra de ellos, alguien se va a levantar en armas y a responderles de la misma forma irregular en que ellos hacen las cosas. Alguien en algún momento va a decir: "no más" y los va a matar.

-Pues sí, es que hasta nosotros lo haríamos. Si uno sabe que lo van a matar porque a ellos les parece, pues uno está dispuesto a responderles con bala, ni que estuviéramos en la inquisición donde quemaban inocentes vivos simplemente

porque al sacerdote del pueblo se le ocurría que era hereje
o bruja.
- Bueno Hiena, ya que dice que le ha tocado sobrevivir a
punta de paja, ¿qué piensa hacer? Si quiere lo llevamos al
bar "mi cariño", allá le tenemos viejas de amanecida o viejas
de media hora, usted escoge y la pasa bien. O intente
conseguirse una mujer, de pronto alguna se vuelve su novia
y lleva una vida igual a la de nosotros.

Por la mente de Hiena pasó la historia de su vida. Estudiaba
en un colegio de hombres, y las mujeres que lo rodeaban en
su casa lo despreciaban todo el tiempo; nunca había tenido
el cariño de una mujer y las dos veces que había intentado
conquistar, había fracasado, de modo que no tenía la
mínima idea de cómo conquistar una mujer, y estos
pensamientos aunque sin irritarlo, le daban vuelta en la
cabeza. De pronto retomó la charla con Rónal y le dijo:
-No sé Rónal, yo no quiero ir a ese lugar, viera que cuando
intenté conquistar a Magda, le di chocolates, le hablé bonito,
pero me dijo que no quería ser mi novia; que a ella sólo le
interesaba estudiar- Hiena empezó a reírse y prosiguió -y lo
más chistoso de todo, fue que al mes estaba con otro; al
parecer las ganas de estudiar se le quitaron para ser novia
de otro.
-¿Y con la otra qué pasó?
-Con la otra fue más chistoso. Le dije que fuera mi novia y
por crecida me dijo que no, que a ella la pretendía Bautista,
y que se iba a quedar con él. Así que yo me alejé. No sé
qué le pasó con Bautista, pero el hecho es que como al
mes, me estaba mandando saludos.
-Pues cuádrese con ella hermano.
-No Rónal, yo no soy capaz de declararle amor a una mujer
que ya me rechazó una vez, yo nunca haría eso. Prefiero
morirme solo, antes que humillarme y rogar.
-Bueno, si su orgullo no se lo permite ni modo, al final de la
vida lo único que nos quedara es la dignidad y el orgullo,
arrastrarse o mendigar amor no es de personas dignas.
Sigue mi invitación. En el bar "mi cariño", hay una amiga, se
llama Jessica, es la puta más buena de todas, espera que la
conozca y verá, le pagas un rato y listo.

-No me veo en esas Rónal, me voy a quedar quieto, no sé cómo funcionen esos lugares, esperemos a ver, puede que en algún momento vayamos.

La idea de visitar un lugar de lenocinio le quedó dando vueltas en la mente de Hiena, porque lo que no había podido lograr con chocolates, con llamadas, con cartas de amor, tal vez lo pudiera lograr con plata. Pagar por conseguir contacto físico, tal vez eso le ayudara para dejar de saciar su libido con la mano derecha, así que se quedó pensando en esa posibilidad para la próxima vez que lo invitaran.

Las campanas sonaban, se llegó el momento del traslado al cementerio del cuerpo, muchos de los espectadores guardaron silencio mientras pasaba la procesión que lideraba un sacerdote, seguida por ocho hombres que cargaban la caja mortuoria, seis cargándola y dos como comodines que se rotaban. Muchos hombres que en el pueblo se sospechaba que eran gays, asistieron al entierro, pero ante la injusticia cometida con Ramiro, todos se abstuvieron de declararse homosexuales.

Unos dos meses después, un sábado a las nueve de la noche, Hiena, después de haber jugado billar un rato con sus amigos, caminaba por la calle principal rumbo a su casa, y de un momento a otro vio que pasaba Rónal Gutiérrez acompañado de Parálisis y Care Muerto, dos tipos del pueblo que lo saludaban frecuentemente pero con los que no era muy amigo. Una vez lo vieron le dijeron que si quería conocer el bar "mi cariño", donde seguro tendría afecto por parte de las mujeres del lugar. Al principio Hiena no aceptó la invitación debido a que no tenía plata en el bolsillo y además, a que no quería iniciar su vida sexual en un prostíbulo pero, los argumentos expuestos por estos tres personajes le hicieron cambiar su voluntad y se fue con ellos al lugar de lenocinio.

Unas luces rojas a medio alumbrar, eran las únicas que iluminaban el salón de espera que tenía varias mesas para cuatro personas y sillas largas a los costados. La parte más iluminada del recinto era la barra de licores, que se destacaba por el letrero de luces Led rojas intermitentes, que decía: "bar mi cariño".

Cuando Rónal y sus amigos llegaron saludaron con mucha familiaridad a algunas de las trabajadoras, mientras que las demás observaban a Hiena con extrañeza, porque era menor de edad y era muy raro ver un muchacho de tan corta edad en una casa de citas. Después de risas y coqueteos, pidieron una botella de aguardiente superior y una caja de cigarrillos Belmont 20 para amenizar su estadía.

-Mira Hiena. Todas estas mujeres que están aquí, son muy lindas, pero la más linda de todas es Jessica. Cuando aparezca vas a quedar con ganas de estar con ella.
-No Rónal, la verdad vengo a mirar, soy muy inexperto en estos temas y no quiero por ahora a ninguna dama de esas.
-¡Ahí viene Liliana! Mírala que es linda. Démosle un trago- dijo Parálisis a quien le decían así porque no tenía su motricidad perfecta en su pierna derecha. Él cojeaba y ya estaba tan acostumbrado a su apodo que no se incomodaba por eso.

-Liliana mi amor, ven acá, ven que te quiero saludar- dijo Parálisis cuando tuvo a Liliana cerca, pues la luz era tan baja que a cinco metros no se alcanzaban a distinguir las personas.
-Parálisis, mi flaquito bello, hace rato no venías, ¿cómo has estado?- dijo Liliana.
-Bien- dijo Parálisis mientras le ofrecía un trago de aguardiente Superior -¿Cuánto está valiendo el rato mi amor?, hoy por ser sábado yo sé que es más caro, pero mira que soy tu cliente favorito, no me tires como a los guerrilleros que ellos sí cargan plata.
- Te vale 40 lucas. Hoy sábado no se puede por menos, y doña Natalia es muy estricta cobrando los 15 mil pesos que vale la pieza, de modo que uno va a la pata de 25 solamente. Tú dirás si vamos a la pieza.
- Camina amor, camina vamos.

-Pásame pues la plata, porque toca pagar por adelantado.

Parálisis le pasó dos billetes de 20.000 a Liliana y se fueron a la habitación, pero antes de salir al patio de las habitaciones, estaban dos grandulones con unas chaquetas reflectivas en las cuales se leía: "logística", ellos eran quienes cobraban por adelantado a las chicas el valor de la habitación, Doña Natalia, que era la dueña del establecimiento siempre estaba en la barra de licores despachando trago, las trabajadoras también hacían las veces de meseras, y siempre la dueña del Bar estaba contabilizando cuántas veces entraba cada una de las chicas al bar y anotando en un cuaderno, de modo que los gorilas de logística no le robaran ni un solo peso.

La diversión continuó y al rato, Care muerto se fue con Vanesa, a la habitación. En el momento en que esto pasaba Hiena le preguntó a Rónal que si él no iba a entrar a una habitación con alguna de las chicas, y él le dijo que con las viejas que tenía afuera le era suficiente y que estaba ahí era por acompañar a sus amigos. Mientras Care Muerto pasó el filtro de logística, salía de allí un cliente con una mujer alta pero que no se distinguía mucho debido a la luz tenue, una vez Rónal la vio dijo:
-Esperemos que se acerque aquella vieja para verla bien, creo que ella es Jessica, esperemos a ver, ella es de las más buenas de este lugar. Sí, ¡mírala!, es ella.

Hiena la miró de arriba abajo, y sin duda era hermosa, vestía una minifalda blanca ajustada al cuerpo y era más femenina en sus modales que las otras dos. Su abdomen plano y destapado hacía que Hiena se deslumbrara, igualmente sus senos, que aunque no eran muy grandes, se veían como dos manzanas ocultas en ese top. Sus tacones azules que combinaban con el color del top, hacían el juego perfecto para aquella mujer.

Aunque Hiena sólo la miró una vez y luego hizo mirada lejana. Rónal sí la miró y la deseó durante más tiempo.

-Ven, tómate un trago con nosotros Jessica- dijo Rónal mientras servía un aguardiente doble, -¿cómo te ha ido mi amor?

Jessica se sentó y quedó en medio de Hiena y Rónal.

-Bien Rónal. Tú sabes que los sábados hay mucho boleo, pero el sábado a veces es el día que paga por los demás de la semana en los que esto permanece solo.

-Y no es que la guerrilla viene parejo- preguntó Rónal.

-A veces vienen los Jueves, pero por hay un Jueves al mes, esto entre semana es solo.

-Y entre semana a como es el servicio.

-Por ahí a treinta mil pesos. Esos días doña Natalia deja la habitación a mitad de precio, entonces el servicio se deja más barato.

-Y a mí en cuánto me lo deja- preguntó Rónal.

-A ti te lo voy a dejar entre semana a 25, porque eres de los más churros del pueblo, pero en menos tampoco.

Hiena escuchaba con atención cada palabra, y se daba cuenta de que aparte de que Jessica era exquisita, era muy refinada en su comportamiento y en sus palabras. No le faltaba nada para ser la mujer ideal, pero no se atrevía a decirle ni una palabra. En ese momento Rónal se tomó un vaso de agua y se fue al orinal que quedaba al costado contrario de la puerta que conducía a las habitaciones, y en ese instante Jessica le dijo a Hiena:

-¿Tú por qué no me miras?, ¿qué te pasa, niño?

-No me pasa nada, sí te miré. Eres muy bonita, pero igual no traje plata hoy.

Jessica empezó a reír, por la forma como Hiena habló y notó que era un inexperto en asuntos de amor.

-¿Eres virgen o qué, niño?

-Sí, nunca he estado con una mujer.

-Ya viene Rónal otra vez, pasa el jueves por acá, trae lo que vale la habitación y yo, te desvirgo gratis. Pero vienes solo.

Rónal se sentó de nuevo, siguieron tomando de la botella que, entre trago y trago ya estaba cerca de acabarse. Hiena se tomó un segundo trago de esa botella. Mientras salieron,

Care Muerto y Parálisis de las habitaciones, se acabaron la botella.

-Nos vamos o qué- dijo Care Muerto.

-Hiena, vas a ir a la habitación con alguna vieja- dijo Rónal - si quieres te prestamos plata.

-No gracias, venía por conocer y por acompañarlos, vámonos mejor.

Se despidieron de Jessica, quien una vez vio la botella desocupada se la llevó para la barra, en el momento que les dijo adiós a todos miró coquetamente a Hiena y luego se fue.

Los cuatro salieron del bar, fueron a comer picada a la venta de comidas de doña Margarita, de modo que el precio no fue tan caro por estar entre los comensales el hijo de ella, luego Hiena se fue a su casa y los tres se quedaron ahí.

Hiena contó segundos, horas y minutos desde ese sábado hasta el siguiente jueves, asistía al colegio normalmente pero en la cabeza no paraban de darle vueltas las palabras de Jessica, aunque se creía un total fracaso con las mujeres, ella le prometió tener sexo con él y esto le copaba cada uno de sus pensamientos. Aquel jueves fue al burdel, a buscar a Jessica.

-Todavía no hay servicio, le dijo Cristal, la trabajadora que estaba trapeando el lugar.

-No, es que no vengo buscando servicio, vengo a buscar a Jessica- dijo Hiena, mientras se ponía rojo, pues no sabía si entrar o no, y temía que alguien lo viera entrando a ese lugar.

-Espera le pregunto a ver si puede salir.

-Dile que la busca Hiena, ella me dijo que viniera hoy.

Cristal se fue, y unos tres minutos después volvió y le dijo que siguiera. Hiena pasó por el pasillo que sabía que conducía a las habitaciones, y ahí estaba Jessica, su piel canela ahora era visible y su cabello, liso y suelto, causaron en Hiena una gran admiración. Ella medía un metro con setenta centímetros, porque cuando Hiena se le puso al frente, la veía un poco más bajita que él. Jessica vestía un short negro y un top morado, estaba en sandalias, y verla a la luz del día y no como la había visto bajo el efecto de una luz roja, causó que Hiena se deslumbrara aún más, ante su belleza.

-¿Cómo estás niño?, ¿cómo te ha ido?

Hiena rio un momento y le dijo:

-No me digas niño, decidme mi nombre.

-¿Y cómo te llamas?

-Para qué te digo mi nombre si lo olvidarás en un minuto. Me llamo Hiena, así me dicen todos, desde los seis años me dicen así, entonces dime Hiena.

-Entonces, ¿cómo estás Hiena?

-Bien, sólo quería verte y hablar contigo.

-Así son todos los niños cuando uno los va a desvirgar, vienen asustados y nunca dicen que lo que quieren es tener sexo. Tranquilo que ya he desvirgado a más de diez, espérame hablo con doña Natalia y ya vuelvo. Pásame cuarenta mil pesos que es lo que cuesta la tarifa de la habitación por tres horas, hoy es tu día, porque eres muy churro, vamos a tener una linda faena y te voy a enseñar lo que no te imaginas.

Hiena tímidamente sacó cuatro billetes de diez mil que tenía y se recostó en la puerta de la habitación de Jessica. El pasillo constaba de unos siete metros de largo, con habitaciones a ambos lados, esas habitaciones donde vivían las visitadoras eran las mismas donde prestaban sus servicios.

Al cabo de unos cinco minutos volvió Jessica. Cuando la veía caminar Hiena no hacía más que repetirse en su cabeza que era una mujer muy sensual, ese color de piel lo derretía.

Entraron en la habitación, cerraron la puerta y Jessica le dijo a Hiena que se quitara la ropa.

Él, que no sabía si sentía miedo o emoción en ese momento, se quitó la casaca que llevaba puesta y quedó con todo su pecho descubierto. Luego se sentó en la cama, se quitó los zapatos, luego el pantalón y el bóxer. Mientras

Hiena se quitaba cada una de las prendas no perdía de vista ni un minuto a Jessica, quien se quitó el top y luego el brasier rojo que tenía. Hiena al ver desnudo el pecho de su compañera, sintió una erección muy fuerte y luego cuando Jessica se quitó la falda y el cachetero que llevaba, se le lanzó y la abrazó. Empezó a tocarla por todas partes, ella lo besaba apasionadamente pero para Hiena en ese momento era más importante besarle los senos, tocarle la entrepierna y lentamente, tocarle la vagina que estaba ya húmeda y caliente debido a la efervescencia del momento.

Hiena la acostó sobre la cama y se dispuso a penetrarla, Jessica, profesional en su oficio le dijo que esperara un momento y, sacó de debajo de la almohada un condón y procedió a ponérselo.

Las palabras sobraron. Hiena penetró a Jessica y sintió que la naturaleza le estaba dando un premio por tantas cosas injustas vividas. Él nunca había tenido el amor de una mujer, nunca había tenido afecto de una madre, por tanto vivir estas cosas le hacía pensar que le estaban pagando algo que le debían.

Jessica se hizo encima de él, para ella cada hombre que desvirgaba era como un trofeo más, como una medalla de guerra para colgar en la pared y ufanarse de ello, pero en Hiena sentía algo diferente, porque la forma como él la tocaba era totalmente diferente a las caricias que recibía de las bestias con que estaba acostumbrada a acostarse.

Luego de unos quince minutos de libido, Jessica explotó en una acumulación de gemidos, su corazón le latía a mil por segundo y su vagina emanaba elixir de amor. Hiena no entendía que pasaba en ella, pero dejó que se comportara como ella quisiera. Luego se puso encima de ella y logró el primer orgasmo de su vida con una mujer -los demás habían sido con la mano derecha.

Luego de que ambos experimentaran el nirvana, se acostaron, se abrazaron y sintieron sus cuerpos desnudos. Entonces Hiena le preguntó:

-¿Cuánto llevas trabajando en esto?

-Cuatro años.

-Acaso, ¿cuántos tienes?

-21.

-¿Y tú?

-Tengo 16, estoy en grado once y pienso estudiar el otro año. Me iré a alguna universidad a estudiar ingeniería

-¿Y por qué no tienes novia?, ¿por qué esperaste tanto para que una puta te desvirgara?

-Es algo muy complicado de explicar, pero te lo voy a resumir. Imagina que a un niño lo crían en la indiferencia total, todos le dan órdenes pero nadie lo quiere, todos se creen en la capacidad de pegarle y crece sin afecto de nadie. Pues ese soy yo.

-Pero eres atractivo, puedes conseguir muchas mujeres.

-No sé si sea atractivo, pero me siento muy inseguro, nunca sé qué decirle a una mujer, intenté conquistar a dos y ninguna me hizo caso, ahora no pienso arriesgarme a que me rechacen otra vez, porque eso sería como atentar contra lo que soy. No puedo permitir que nadie me rechace, por eso prefiero estar solo.

-Bueno, aquí puedes venir cuando quieras.

-Dime… ¿Por qué te fijaste en mí?

-Debes deducir por qué me fije en ti. Siempre que camino por el bar, todos los hombres me miran, me morbosean y en su mente tienen fantasías sexuales conmigo, muchos de ellos no pasan más que de fantasías porque ni siquiera se les para, y tu cuando llegué a la sala, ni siquiera me miraste, no tuviste una palabra para mí, fue como si nadie hubiera llegado al salón y, mucho menos, a la mesa. Confieso que la indiferencia con la que te comportaste me mató.

-No era indiferencia Jessica, lo que pasa es que yo ese día no venía a buscar pareja ni a buscar sexo, yo quería conocer y acompañar a esos manes, ellos tenían sed de mujer.

-Ya te entiendo, pero esos manes que venían contigo son unos marihuaneros bravos, ¿tú también metes marihuana?

-No, nada. No meto nada de eso, mi único vicio son las maquinitas de videojuegos y el billar, pero de resto nada.
-¿Y tampoco tomas trago?
-Tomo muy poco.
-Mira pues. Estamos ante un Hiena académico y juicioso.
-Esa es la idea. Me llevas cinco años, ¿por qué te metiste a trabajar en esto, si eres muy hermosa? Estoy seguro que cualquier hombre daría todo por tener de esposa a una mujer como tú.
-Entonces, a ti te gustaría tenerme de esposa.
-Claro, pero no tendría con qué mantenerte. Si quieres esperarme hasta que sea profesional.
-No hablemos de eso Hiena, serían cinco años esperándote. En ese tiempo pueden pasar muchas cosas. Mejor vivamos los momentos hermosos que tenemos, después miramos a ver qué pasa.
-Está bien- dijo Hiena.
-Ven abrázame.

Otra vez Jessica sentía esa ternura que no había sentido con ninguno de sus clientes, sentía como si un niño quisiera consentirla, así que se dejó llevar por esa ternura, pero no supo qué hacer porque, en sus cuatro años trabajando de puta, nunca había experimentado tanto derroche de ternura por parte de un cliente, y ella nunca tuvo el afecto de un padre, así que aquello que sentía la conmovía, era como darle agua a alguien que moría de sed. Jessica se dejó llevar y abrazó tiernamente a su compañero.

Desde ese día y durante los siguientes meses hasta su graduación del colegio, Hiena iba todos los jueves con la plata para pagar la habitación y durante cuatro horas vivía intensos momentos de amor con Jessica. Los dos se idolatraban, se amaban profundamente, pero el momento de que Hiena se fuera a la universidad se aproximaba y ella en el fondo sabía que tarde o temprano, él se volvería novio de alguna compañera de la universidad y no volvería por ella, sabía que él ya no era el joven inseguro que había conocido hace cinco meses, ahora se sentía más fuerte cuando hablaba con ella. Jessica sabía que esa seguridad la podía usar con otras mujeres, sin embargo seguía guardando la esperanza de que Hiena la hiciera su esposa.

En el billar y en un lugar de videojuegos al que todos llamaban: "las maquinitas", Hiena, Rónal y Sergio Gutiérrez, junto con varios adolescentes más, compartían todas las tardes en medio de recochas y burlas al que diera la mínima oportunidad de bullying. Todo marchaba dentro de la normalidad y a veces, cuando se presentaban peleas, eran unidos como una jauría de Hienas, porque nadie permitía que lastimaran al otro. Suricato departía a veces con ellos, pues él prefería irse con la novia todas las tardes a disfrutar de su adolescencia.

En las noches cada uno disfrutaba de su respectiva novia. Hiena era el único que, en silencio, tenía que esperar a que fuera jueves para disfrutar a su amante. Él sufría por no poderla sacar de la mano como a cualquier novia por el pueblo, y no le gustaba tener novia en la clandestinidad, pero prefería eso a intentar acercarse a cualquier otra mujer arriesgándose a los desprecios.

Al terminar su bachillerato, Hiena obtuvo un buen puntaje en la prueba de Estado (ICFES) para ingreso a la educación superior y esto le permitió viajar a Bogotá. Presentó el examen en la Universidad Nacional para estudiar Arquitectura, pero no lo pasó, así que se presentó en la Universidad Distrital para estudiar Licenciatura en Ciencias Sociales y fue admitido.
La llegada a Bogotá le cambió la forma de ver la vida a Hiena, porque conoció otros espacios y distintas personas. En la universidad aumentó su amor por la lectura y gracias a esto un día leyó un artículo escrito por un joven santandereano que estudiaba Ingeniería Eléctrica en la Universidad Nacional, a quien le gustaba mucho escribir artículos con contenidos de locura para algunas revistas de circulación local, a Hiena le gustó el contenido fascista del documento, así que buscó al autor y entabló con él una amistad.

Después de cursar su primer semestre viajó a Cercados para encontrarse con Jessica, ella lo estaba esperando con ansias. Durante esas vacaciones pasaron seis jueves perdidos y entregados a la lujuria, hacían el amor sin ninguna protección, pues Jessica aparte de inyectarse cada mes, exigía condón a todos sus clientes. Al único que no le pedía esto era a Hiena, porque estaba profundamente enamorada de él. En cada encuentro Hiena le contaba las miles de cosas que veía en la ciudad caótica y ella escuchaba y le decía que esa ciudad lo iba a cambiar, él le decía que sí.

En agosto de 1999, Hiena cursaba su segundo semestre de Licenciatura en Sociales, y no se interesaba por nada más que por volver pronto a Cercados para encontrarse con Jessica, pues no soportaba tanto tiempo sin verla. El amor hacia ella causaba que no se interesara por ninguna mujer de la universidad. Él cada ocho días, los jueves, llamaba temprano a la casa de citas y hablaba con ella sólo diez minutos, porque los elevados precios de las comunicaciones no le permitían durar más.

El micro fútbol para Hiena era una buena distracción, lo jugaba con sus compañeros de universidad continuamente porque no sólo era buen jugador, sino que ostentaba el título de ser un buen arquero. Una mañana en la segunda cancha que queda subiendo desde la carrera tercera hacia los bloques de salones de la Universidad Distrital, sede Macarena, mientras disputaban uno de los partidos para los que se conformaban varios equipos que se rotaban al gol, se escucharon dos sonidos de papas bombas, artefactos que retumbaron adentro de los edificios de la universidad.

Una de las papas bomba cayó aproximadamente a unos cincuenta centímetros de donde Hiena corría buscando un balón, y quedó totalmente aturdido. No podía escuchar nada, sólo se limitó a mirar hacia el piso y a taparse las orejas.

Al mirar el piso observó el rastro dejado por el estallido del explosivo y supo que si le hubiera caído en la cabeza no le hubiera quedado nada sobre los hombros. Miró hacia arriba lleno de rabia y gritó: Hijueputas, no tiren papas a la cancha, le pueden pegar a alguien.

Estaba tan sordo que no sabía si había dicho esto en voz baja o en voz alta, porque todo era confuso, miró que por todos los balcones había encapuchados tirando papas bomba. A lo lejos escuchó a su amigo Helmer que le dijo: "¡Vámonos!.. Están tirando papas".

Todos los jugadores recogieron sus maletas, que estaban en uno de los arcos, y caminaron lentamente hacia el sendero de salida de la universidad. De un momento a otro, se escuchó un sonido parecido a la percusión de una M60, cuando quema toda la canana y no se salva ni un solo cartucho. Todos miraron el lugar de donde venía el sonido, mientras Hiena recordaba que así sonaban las ametralladoras cuando se presentaban, en los alrededores de Cercados, enfrentamientos entre guerrilla y Ejército.

El sonido venía del mismo lugar de donde salía humo, de uno de los balcones de la universidad y nadie sabía qué había pasado. Un tiempo después bajaron a un hombre, con la cabeza llena de pólvora y sus piernas parecían como si se las hubieran tajado a pedazos, y una masa de carne y sangre se veía por algunos huecos del pantalón que portaba.

Un rumor generalizado daba cuenta de que el muchacho dejó caer una maleta llena de papas y la explosión en cadena no le dio tiempo de correr y, fueron sus piernas principalmente las que sufrieron el rigor de la explosión. Aunque todos intentaban ayudarlo era evidente que sobrevivir a ese desangre era imposible, Hiena que sólo vio cuando lo bajaban dijo: "Intentó matarme con una papa bomba y fue él quien murió"

Hiena volvió después de su segundo semestre muy feliz al pueblo, salía el viernes a vacaciones pero viajó un jueves de madrugada para llegar a encontrarse a Jessica. Ese día en la noche, era lo único que le importaba del pueblo, ni siquiera ver a su familia lo motivaba. Se perdió esa noche en las caricias de Jessica, a él no le importaba que lo vieran entrar a la casa de Lenocinio. Había perdido mucho interés en el pueblo y sólo pensaba en caer una y otra vez en la lujuria con su amada, igual ella lo idolatraba y después de cada faena venía el diálogo.

Hiena le contó que en su universidad un tipo se mató al dejar caer una maleta llena de papas bomba, le narró como este mismo tipo intentó matarlo tirándole una papa bomba a la cabeza.

Jessica escuchaba todo esto y se daba cuenta como Hiena iba cambiando su carácter, cada vez que tenía la muerte cerca. Veía que se volvía más fuerte y parecía no tenerle miedo a nada. Se daba cuenta que el niño que había visto marchar, se estaba convirtiendo poco a poco en un monstruo. Ella pensaba que quizás, el no haber tenido afecto cuando era un niño lo había predispuesto para ser una persona fría e indiferente ante las injusticias.

Después de salir, a las once de la noche de la visita a Jessica, Hiena se dirigió al billar "la clase", pero no vio a ninguno de los socios con los que acostumbraba jugar, de modo que subió al bar del mismo nombre, allí encontró a una cantidad de hombres que no conocía, todos de cabello corto, y por su léxico supo que eran militares, pues hablaban de: mi general, mi primero, y tal cuál apellido de generales y cuadros de mando que habían conocido, luego pudo deducir que todos eran paramilitares pues no hablaban de tener que ir a ninguna parte en especial.

LA PRECIOSA IBETH

"Todos los hombres deberían ser como vos, parcero -me decía Rosario-. No te imaginas cómo me joden todos, Emilio, Johnefe, Ferney, todos, vos sos el único que no jodés".
Jorge Franco.

El billar "la clase", era el más elegante del pueblo; entre sus estanterías se podían ver tacos de las marcas más reconocidas que existen en el mercado: Chilito, Longoni, Hambat, Roman, Búfalo, entre otras, porque la dueña para inculcar el glamour y la elegancia en los jugadores de tres bandas, se había asesorado muy bien de jugadores de prestigio nacional e internacional al momento de montar el billar y por eso este contaba con las características de los grandes clubes.

En ese prestigioso sitio de diversión se daban cita para jugar muchos jóvenes del pueblo, entre ellos los amigos Hiena y Suricato, quienes habían crecido y estudiado juntos, parecían hermanos y se la pasaban mucho tiempo tomando trago.

Una tarde, estaban Hiena y Suricato en el billar, aquel día llego Sergio Gutiérrez, se quedó un rato y manifestó que se iba a encontrar con la novia. Un rato después mientras permanecían los dos amigos en la puerta del billar hablando, vieron a lo lejos que se aproximaba Sergio con una muchacha de la mano. Suricato, una vez vio la silueta de lejos, le dijo a Hiena.
-La que viene con Sergio es Ibeth, yo tengo cuento con ella.
- ¿Y yo la conozco?
-No, espere que venga y la ve.

Siguieron hablando mientras se acercaba la pareja y cuando llegaron, Sergio dijo:
-Mira Hiena, te presento a mi novia.

Ahí estaba ella, esbelta, con cabello liso y piel canela. Sus ojos negros hacían su belleza digna de inmortalizar, era sólo comparable con Ana Karenina o con Remedios la bella. Hiena la miró a los ojos profundamente y pudo ver su alma en un momento. Ibeth lo miró y pudo ver en él la seguridad que veía en muy pocos hombres; veía en sus ojos maldad y ternura juntas. Los dos se saludaron y cruzaron una mirada que no duró un par de segundos, pues no podían ponerse en evidencia delante de Sergio, pero la atracción mutua que sintieron quedó plasmada en sus corazones, y en ese instante Ibeth comprendió porqué era Hiena amigo de Suricato y de los hermanos Gutiérrez: simplemente porque hacían parte de la misma caterva de bandidos que pueden defenderse en el lugar del hampa donde los pongan.

Luego de la parada, Sergio e Ibeth siguieron caminando y los dos interlocutores se quedaron dialogando en la puerta del billar.
-¿Quién es esa vieja?, preguntó Hiena.
-Es Ibeth. La novia de él, pero me echa las cartas a mí también.
-Y acaso tú no te comes a la hermana de Sergio, a María Victoria.
-Pues sí, pero igual la que sea bonita y quiera se le colabora.
-Ve ustedes si son de buenas, esta es la hora que yo no sé qué decirle a una vieja para conquistarla. Vieras que fue Jessica la que me dijo que fuera donde ella. Yo realmente no sé cómo conquistar y veo que ustedes se comen un poco de viejas sin tanto esfuerzo.
-Hiena, usted acaba de decir la solución, así como nunca le dijo nada a Jessica, siendo ella la que se le insinuó, haga lo mismo con todas, no les diga nada y si puede ignórelas, vera como llegan a buscarle charla y a buscar que usted se las coma.
-Jajaja, ahora sí me hiciste reír Suricato, significa que la clave es ignorarlas.
-Sí, esa es.
-Bueno voy a intentarlo, aunque la verdad no me interesa conquistar a ninguna, con Jessica soy muy feliz. Creo que

ninguna mujer como ella me haría sentir tan bien, porque cuando llego me consiente, me trata bien, me pregunta cómo me ha ido, y yo le cuento todo, le hablo de cada uno de mis amigos. Ella lo ha visto a usted a veces en la calle, y dice que usted es churro, pero me lo dice sin mala intención. Ella sabe que me la llevo bien con algunos.

-Bueno si te sientes bien con ella, quédate con ella, cuando te gradúes de la universidad llévatela a vivir bien lejos de aquí, donde nadie los conozca.

-Eso hare, y cuéntame más sobre Ibeth, todavía está en el colegio o ya se graduó.

-No, está en once, es de las mujeres más codiciadas del pueblo.

-Bueno me voy para la casa, hablamos mañana.

-Listo Suricato.

Hiena no dejaba de pensar en Ibeth, imaginaba sus senos bien perfilados, su figura y su rostro. Al recordarla, sentía el agradable olor de su piel, característica que la hacían aún más atractiva que Jessica, pero, ¿cómo traicionar a su amigo Sergio?, ¿cómo pegarle una puñalada invitando a su novia a salir?, o al menos llamarla. No podía hacer eso.

Después del encuentro con los amigos de Sergio, Ibeth no pudo dejar de pensar en la mirada profunda de Hiena, y se imaginó que andar con él de la mano podría ser algo interesante, ya que nadie se atrevería a faltarle al respeto sólo porque era la novia de uno de los malandros del pueblo y, lo mejor, que era un malandro que hablaba bonito y era educado. Conocer y compartir con Hiena era su deseo pero, ¿cómo podría traicionar a su novio Sergio?

En las siguientes visitas a la casa de citas, se llegó el punto en que Hiena, mientras copulaba con Jessica, pensaba todo el tiempo en Ibeth. Eso empezó a sentirlo Jessica, pues su niño cada día era más diferente y lo sentía cada vez más distanciado.

Ibeth se turnaba para visitar a su novio Sergio y a su amante de turno Suricato, desde la partida de doña Margarita, tenía carta abierta para entrar o salir de la casa de Sergio a la hora que quisiera, pues el papá nunca estaba y los hermanos no decían nada si la veían entrar o salir, porque era la novia oficial de uno de los integrantes de la familia.

Mientras Ibeth pasaba tardes de lujuria en la cama de Sergio, pensaba en Hiena, hasta que una vez se atrevió a preguntarle a Sergio por él:

-¿Quién es ese tipo que me presentaste en el billar?

-¿Cuál?.. El que se la pasa con Suricato- dijo Sergio.

-Si ese.

-ah!… ese es Hiena, estudia en Bogotá, creo que sociales, es mozo de una vieja del putiadero que se llama Jessica, y dice que se va a ir lejos de aquí cuando termine la universidad y se la va a llevar a vivir.

-¿Y es amigo tuyo?

-Claro, pero es más amigo de mi hermano Rónal.

-¿Hace cuánto lo conoces?

-Toda la vida hemos compartido, hace como unos 13 el Loco Gerson le estaba pegando, y parecía que lo iba a matar porque el Loco era más grande, pero nosotros llegamos a ver la pelea y nos dimos cuenta que lo acabaría, así que mi hermano le ayudó y entre ambos, casi acaban al Loco.

-¿Y por qué le dicen Hiena?

-La mamá del Loco, ese día al defender a su hijo, les dijo que parecían unas Hienas que querían matar a su hijo, así que desde ese día se quedó con el apodo de Hiena y ya está acostumbrado a que le digan así.

-¿Quiere decir que es parado, igual que ustedes?

-Pues las veces que lo he visto peleando, se ha defendido y ha dado duro.

-ah! bueno.

El testimonio de Sergio sirvió para acentuar más el atractivo que sentía hacia Hiena, sentirse en medio de bribones era lo más grande que podía sentir Ibeth, ver cómo se derretían ante su belleza la hacía sentir la reina del mundo. Ella pensaba que ser la mujer más codiciada por los jóvenes del pueblo era lo mejor que le podía pasar, de modo que esperó pacientemente pensando que Hiena sería otro de sus amores de turno.

No pasó mucho tiempo desde que Ibeth empezó sus amoríos con Suricato, para que le contaran a Sergio sus andadas, pero desde que doña Margarita se había ido, Sergio no tenía ningún aliento para quedarse sin amor, y el único amor que le parecía hermoso era el de ella. Aunque él tenía varias amantes que en las tardes iban a saciarle la libido, él sólo tenía pensamientos para Ibeth, de modo que decidió no pedirle explicación a su amada por sus actuaciones, y se limitó a recibir las migajas de amor que esta le ofrecía.

UN CAPITÁN INCORRUPTIBLE.

"No hay más que un poder: la conciencia
al servicio de la justicia; no hay más que una gloria:
El genio al servicio de la verdad."
Victor Hugo.

Los paramilitares comandados por Jairo y Pedro tenían toda
la tranquilidad en la zona, ellos cobraban extorsiones a los
comerciantes que inicialmente habían llevado paramilitares
a la zona y también a otros de diferentes lugares que habían
incluido en la lista. Todo lo hacían a un precio menor que el
que cobraba la guerrilla, por eso la gente pagaba
puntualmente.

El pueblo, gracias a la intervención de los hombres
comandados por Jairo y Pedro, se había librado del yugo de
la guerrilla que, por las extorsiones desmedidas, no permitía
que la gente progresara, y por sus acciones incitaban la
migración de la gente joven a las grandes ciudades.

Las listas de colaboradores de la guerrilla que habían sido
dejadas por Dónal ya no tenían nombres vigentes, porque
todos habían sido asesinados o habían huido de la región,
así que Jairo y Pedro eran vistos como los dueños del lugar.
Nada se movía sin autorización de ellos y, parecía que
nadie los podía mover de la región.

A ellos la muerte de personas inocentes en esa guerra, no
les preocupaba, pues mucha gente incauta daba su vida en
una guerra que ahora no tenía más líderes que ellos.
Profesores, prostitutas, abogados, campesinos,
comerciantes, y uno que otro turista había caído en esa
guerra, parecía que ahora el imperio paramilitar no se
detendría. Pero una tarde mientras los paramilitares
tomaban cerveza y jugaban bolo en el municipio de
Chicamocha, sonó uno de los celulares de Jairo, el celular
que nunca timbraba, inmediatamente se preocupó, pues era
su línea con el Ejército, sabía que algo no estaba bien,
entonces respondió:

-Aló.
-Entonces qué Jairo.
-¿Qué hace San Juan?, ¿cómo va todo?
-Acá bien, pero le tengo una noticia.
-Cuénteme, ¿qué noticia?
-Cardona va para allá.
-¿Cardona José Juan?
-El mismo- respondió San Juan.
-¿Usted ya intentó hablar con él, para que nos deje trabajar?
-Yo no tengo vara con él, pero ya otro intentó hablarle, y no cambia su posición: dijo que no. Afirmó que a usted y a Pedro los va a arrestar apenas pueda.
-Cuádreme una cita con él, si puede el mismo día que llegue aquí. Colabóreme con eso.
-Voy a intentar. Cualquier cosa le aviso, no apague el celular.
-Así será.

Cardona era respetado y recordado en toda la tropa del oriente colombiano por haber hecho una proeza heroica de la cual él nunca se ufanaba, pero todos la recordaban y la repetían con orgullo. El heroísmo era este:

Un día, aproximadamente a la una de la tarde en el batallón de infantería García Rovira, llegó la información de que un narcotraficante de la línea de Megateo, proveniente del Catatumbo, se encontraba tomando trago en una de las cantinas más prestigiosas de Pamplona y para que lo protegieran, había ubicado escoltas bien armados en ambas esquinas de la cantina, esto implicaba que cualquier movimiento extraño lo sabría inmediatamente.

La gente contó que estaba con dos atractivas modelos de poca monta, bailando y tomando una botella de Old par, y un par de sus socios le hacían ameno el ambiente mientras él, sin escrúpulos y vergüenza se ufanaba de la forma como habían sembrado el terror en el Catatumbo y de la cantidad de gente que habían matado, y contaba sin reparo, que pagaban grandes cantidades de dinero para desvirgar a las niñas apenas cumplían 13 años.

Esos eran algunos datos que habían llegado al batallón. Como se necesitaba la orden para mover, por lo menos, unos 100 militares para intentar un operativo contra este hombre, los altos mandos preferían dejar que se tomara los tragos y se largara. Decisión que no compartió Cardona, porque le indignaba la sevicia y maldad del tipo.
-Como máximo tiene 20 hombres y no trae más- dijo Cardona a Marroquín- que era el comandante del Batallón.
-Así tenga cinco, una balacera en plena calle real, nos va a traer un problema, con que se nos caiga un civil nos metemos en la grande- respondió Marroquín.
-Entrégame una autorización, yo lo traigo. Y voy solo.
-Estás Loco Cardona, son veinte escoltas los que trae, antes de que puedas hacer algo, te van a llenar la cabeza de tiros.
-Me voy de civil, lo encañono y te lo traigo.
-Si quieres hacer eso, lo haces bajo tu responsabilidad.
-Entonces me voy. El Ejército es para hombres- afirmó Cardona.

Gonzáles le hizo firmar a Cardona una orden de no responsabilidad en caso de que le pasara algo, y le dijo que si salía del batallón lo haría bajo su propia voluntad sin orden alguna. Esto no le importó a Cardona quien, cinco minutos después, salió vestido con un jean claro, una camiseta blanca y una chaqueta azul raída por el tiempo, caminó hacia la calle real, efectivamente en la esquina por la que pasó vio una camioneta gris de vidrios polarizados, y sabía que era una de la de ellos. En la siguiente esquina vio otra camioneta, pero a mitad de cuadra entró a la cantina y observó la mesa de los consumidores, sólo dos escoltas estaban en la puerta y sus armas en los cintos. Eran cinco los bebedores quienes estaban a unos dos metros del orinal. Cardona entró sin atención de los escoltas, pues la chaqueta que llevaba le daba aspecto de ser el campesino más raso y, como andaba con gorra y la cabeza agachada mucho menos iban a sospechar, pues se veía como cualquier persona menos que como un militar.

Cardona ingresó al orinal, ahí cargó su pistola y al salir, en una maniobra que no duró más de dos segundos, se ubicó en un ángulo donde pudiera ver al narcotraficante y también a los escoltas de la puerta. Pistola en mano apuntó al narcotraficante y le dijo:

-No te me muevas hijueputa o te mató aquí. Cualquier movimiento de alguno de estos y te mato. Ustedes dos, entréguenme los proveedores de las pistolas que tienen.

El narcotraficante cuando vio la decisión de Cardona de morirse en ese momento, les ordenó a los escoltas que hicieran lo que él decía, así que los dos pusieron los proveedores de las pistolas encima de la mesa, mientras lo mismo hicieron los dos socios que bebían con él.

-Tranquilo, ¿tú quién eres?- dijo el narcotraficante -ahí tengo mil millones para darte, no me vayas a matar, ahí está la plata en el carro, te la mando traer, te vas tranquilo para tu casa y me dejas a mí tomar los tragos tranquilo.

-Haces otro comentario de esos y te mato aquí cabrón, ordénale a los de los carros que nos dejen pasar tranquilos.

Una llamada del narco hizo que los escoltas se pusieran en actitud pasiva, Cardona nunca dejó de apuntarle al bandido y lo llevó cinco cuadras encañonado desde la cantina donde lo encontró hasta el batallón. Cuando los soldados vieron que Cardona traía a alguien encañonado, fueron a ayudarle y le pusieron un par de esposas al narco, lo entraron al batallón y dieron parte a Marroquín de la hazaña lograda por Cardona.

Inmediatamente Marroquín ordenó ir al lugar de la cantina, para hacer requisas de rutina a la gente que estuviera allá, pero ya no había nadie.

Un helicóptero de prensa aterrizaba unos 40 minutos más tarde proveniente de Bucaramanga, todo un despliegue militar y de prensa se originó debido a la captura del capo. Marroquín, habiendo quemado la anterior carta, le hizo firmar a Cardona una orden de operación encubierta y fueron condecorados ambos, de ahí en adelante, el capitán Cardona, era el más respetado. Generales, coroneles y la tropa en general se inclinaba ante él, porque reconocían que esas tres estrellas que portaba en su camuflado eran cortas para las agallas que había demostrado como militar.

El narco víctima de Cardona fue extraditado en menos de una semana, y por la seguridad de Cardona, a este lo habían cambiado de batallón. Todos hablaban de que era incorruptible, pues le habían ofrecido mil millones o lo que él quisiera y no los había recibido. Por esta razón a donde iba lo respetaban y sabían que era de conducta intachable. Una millonaria recompensa que el Estado ofrecía por este bandido fue consignada toda a la cuenta de Cardona, y Marroquín en uso de su honradez y sabiendo que este había arriesgado la vida, no se atrevió a reclamar un solo peso del botín.

Ahora la pesadilla de que Cardona fuera para el batallón de Cercados le quitaba la tranquilidad a Jairo y a Pedro, pues estos sabían que en cualquier operativo contra paramilitares serían víctimas del capitán incorruptible, de modo que el mismo día que José Juan llegó a Cercados, le informaron que si podía reunirse con dos antiguos militares que estaban al mando de los paramilitares. La reunión se pactó, de manera clandestina, para el siguiente día en una casa en las afueras, pues lo que menos quería Cardona era que lo vieran hablando con paramilitares.
-Mi capitán Cardona- dijo Jairo -¿cómo está?
-Muy bien- dijo Cardona con el acento Paisa que lo caracterizaba -ya sé lo que ustedes hicieron en Ocaña, conmigo no vayan a mariquiar porque les va mal.

Jairo que era el encargado de las finanzas de los paramilitares en ese sector y sabía que no había forma de ofrecerle plata, dejó que Pedro hablara con Cardona a ver si los dejaba trabajar tranquilos.
-Para eso lo llamamos mi capitán, nosotros libramos esta zona de la guerrilla, necesitamos que nos deje trabajar tranquilos, será cuestión de seis meses mientras acabamos con los pocos que quedan y nos vamos.
-No les doy ni un solo día, si los llego a coger en un operativo con armas, los embalo por porte ilegal de armas, y

en cualquier oportunidad que tenga, los mando para la cárcel. Yo sé que ustedes pusieron sus mejores años al servicio del Ejército, pero se torcieron, y este es el momento de que se larguen, ¡váyanse!, en las empresas de vigilancia les dan empleo a los militares echados, pueden irse a trabajar en una de esas y ganar la vida dignamente o en lo que sea, pero mientras estén en la ilegalidad los voy a perseguir.

-Sólo una tregua, seis meses- insistió Pedro.

-Ni un día, el Ejército es el encargado de acabar con la guerrilla y lo vamos a hacer. Ahora con este presidente que tenemos la guerra contra esa plaga va a ser sin compasión, ustedes limítense a ver como los acabamos, no se dañen la vida, no puede otro bando ilegal ser el que asuma el mando, sólo puede haber un Estado, no puede haber sub estados, entiendan eso.

-Eso lo entendemos, pero nosotros hacemos el trabajo sucio- dijo Jairo. Tomo aire y prosiguió:

-Ustedes no pueden matar gente a quemarropa, no deben llegar a la casa de alguien sin orden de allanamiento y no pueden andar con sus armas cargadas, así que todo ese trabajo sucio nosotros sí lo podemos hacer. Igual tenemos el mismo objetivo en común Cardona, permita que nosotros trabajemos.

-No, este es el momento para decirles que se vayan, aquí mando yo. Si no se largan, van a terminar muertos o en la cárcel, ustedes deciden.

-No hay forma de negociar- insistió Pedro.

-Ninguna- respondió Cardona -y ahora si eso era todo, me voy. Ya saben, es mejor que se vayan tranquilos, y díganle lo mismo a todos los que están con ustedes, o se van a pudrir en una cárcel.

Cardona salió tranquilo de aquella casa, se subió a una camioneta del Ejército y se fue para el batallón de Cercados. Mientras tanto los dos paramilitares discutieron en torno a la mejor decisión: obedecer y partir, o continuar con los operativos para exterminar la guerrilla.

Finalmente Pedro decidió que iban a seguir trabajando en la clandestinidad y que de ninguna forma se iban a dejar coger de Cardona.

MUERTE DE UN INOCENTE

"No temía que le causaran daño o que le golpearan o que aquel hombre demostrara ser más fuerte que él. Era el temor a ser humillado. A que aquellos hombres actuasen premeditadamente y tuvieran dominada la situación. Él no la tenía"
Mario Puzo.

Habían pasado dos años desde el día que Hiena partió para Bogotá. Al volver saludó a su nonna y apenas pasó algún tiempo de protocolo de saludo, se fue al bar "mi cariño", a buscar a su amada Jessica. Al entrar le preguntó a Vanesa, que fue la primera trabajadora que vio, si sabía dónde estaba Jessica, pero ella le dijo que se había marchado hacía poco y que no volvería.

Ante la inesperada noticia, una espada de dolor atravesó el corazón de Hiena, porque aunque en la capital tenía mujeres para compartir, no había accedido a ninguna de ellas, solo por el amor que sentía por Jessica. Él había construido su vida en un castillo de naipes cuyo piso era Jessica, y ahora, que no estaba sentía que el mundo se le acababa.

-¿Por qué se fue?- preguntó con desespero.

-No sé- le contestó Vanesa mientras retomaba el aseo que estaba haciendo cuando llegó Hiena.

-¿Dejó un teléfono para llamarla?

-No, no dejó nada. Es mejor que te olvides de ella.

-¿Por qué?, ¿acaso qué pasó?

- No pasó nada, simplemente no volverá.

El corazón de Hiena se aceleró y el dolor no le permitió articular más palabras. Todo le fue difícil, así que se ubicó en el fondo del bar, muy cerca de la barra y le pidió a Vanesa que le vendiera un litro de aguardiente, pero ella le dijo que todavía no había servicio. Entonces Hiena pidió que le llamara a doña Natalia. Vanesa le hizo caso, la llamó y le dijo:

-Él quiere que le sirva un litro de aguardiente, no hay servicio todavía doña Natalia, por favor dígale que se vaya.

-¿Él no era el novio de Jessica?- preguntó en voz baja la señora.

-Sí, él es, está despechado, pero no sabe nada, sólo sabe que se fue.

-Véndale la botella de aguardiente, bájele una silla para que vaya tomando y póngale música. Luego termine de hacer aseo.

Vanesa con más rabia que agrado le entregó la botella de aguardiente Superior y una cajetilla de Belmont, y puso la canción llamada: "una hoja en blanco", que aceleró el dolor de Hiena, quien se sumió en una profunda depresión que solo quienes la han vivido saben lo que es. Él se sintió la persona más sola de este mundo, sintió que nadie en el mundo lo quería, y que su existencia no era más que una tortura.

Una media hora después entró Parálisis, que también tenía moza en aquel lugar, y apenas vio a Hiena se fue a hacerle compañía.

-Hiena… milagro de verte aquí.

-Viejo Parálisis, viera que apunté a llegar hoy jueves para encontrarme con Jessica, pero me dicen que no está, que se fue. Estoy muy aburrido, ella era mi vida, y ahora me dicen que no la voy a volver a ver, usted no sabe lo destrozado que estoy. Tómese un trago conmigo.

Parálisis saboreó el amargo y dulce del aguardiente mientras hacía muecas debido al ardor que sentía en la garganta. Cuando pasó el trago, prendió un cigarrillo, meditó un momento y al ver a Hiena que hacía grandes sacrificios para contener sus lágrimas le dijo:

-Hiena te voy a contar lo que sé, pero no te vayas a armar problemas ni nada, tú no debes sufrir, debes ser consciente que quién se enamora de una puta, tarde o temprano le van a ser infiel porque, ellas no pueden tener a un solo hombre, esa es su naturaleza.

-¿Qué pasó?- preguntó con desespero el despechado Hiena.

-Ella estaba de novia hace nueve meses de Rascacielos, ¿te acuerdas?, el grandote ese que es Chofer de camión.

-Claro que lo conozco, lo he visto en las cantinas y en la gallera, pero no sabía que estaba con Jessica, ¿por qué nadie me lo contó?

-Jajaja, todos en el pueblo sabían que esa vieja te la estaba jugando con Rascacielos, tú eras el más cachón del pueblo, y nadie te lo contó porque tenías que darte cuenta por ti mismo.

-Con razón las últimas veces que estuve con ella me decía que viniera cualquier día entre semana, menos el jueves. ¿Por qué no me di cuenta de que ahora el visitante de los jueves era él?, ¿cómo no llegué a sospechar nada?

-Tranquilo Hiena, todos tenemos que vivir experiencias de despecho, quien no las ha vivido, tarde o temprano las vivirá y entre más joven mejor, pues tendrás salud y vida para levantarte y fortalecerte, yo sé que no te vas a suicidar por eso.

-Que va, no me voy a suicidar, pero yo me había construido en mi imaginación una vida a su lado; soñaba con tener dos hijos con ella; tenerla viviendo como una reina, y que a mi lado no le faltara nada.

-Pues ya se cayó tu castillo de ilusiones, ahora a construir sobre la realidad, no queda de otra, si todos los que sufrieran un despecho, una traición, un rechazo se mataran, hace rato no habría humanidad.

Hiena pudo ver en Parálisis la fortaleza que ahora él, a sus años no tenía, veía como él no era capaz de querer a ninguna mujer simplemente porque, en algún momento lo habían traicionado y por eso prefería frecuentar prostíbulos, allí iba a saciar su libido y a salir alegre a seguir en sus labores, sin cargar con el amor, que cuando no es correspondido se vuelve un yugo terrible. El saber que su amada se había ido con otro a cumplir los sueños que no había querido esperar de él, le dieron una fortaleza para seguir, pues supo en ese instante que la vida sigue, de modo que tomó un poco de aire, suspiró profundamente y le dijo a Parálisis:

-Tienes razón, ya dejemos este tema así, mejor cuéntame, ¿qué ha pasado de raro?

-No, pues lo que todos saben, este pueblo se llenó de paramilitares, han matado mucha gente, hay unos que los han dejado destrozados, nadie se imaginaba que llegaran ellos con esos métodos de tortura, ahora la gente anda un poco tranquila, ya puedes ver que ahora hay en el pueblo motos de alto cilindraje y no hay guerrilla que se las lleve, en este momento puedes ver cualquier cantidad de camionetas bonitas y no hay guerrilla que las quite y las entregue vueltas nada. Ha mejorado un poco pero es terrible la forma como matan.

-Y acaso no es que matan a los colaboradores de la guerrilla y a los guerrilleros.

-No, también han matado gente inocente, en Chicamocha, cuando iban a matar al señor del balneario, le pidieron la moto al chancero, y como él les dijo que se la prestaba más tarde, lo balearon ahí mismo, han matado a muchos inocentes.

-No, entonces voy a salir callado a beber, porque estoy destrozado y debo tener cuidado.

-Sí, ten cuidado, sobre todo si vas a entrar a la cantina "la clase", porque ahí se la pasan todos. Puedes beber en cualquier otra parte, menos allá.

Como Hiena quería seguir bebiendo, fue a buscar a Suricato pero este no estaba, de modo que se dirigió al billar "la clase", y allí se encontró a Chiri, un excompañero de colegio tres años mayor que él, a quien le gustaba mucho beber.

-Chiri, camine nos tomamos un trago.

-Hágale, pero aquí en el billar no, subamos a la cantina, allá el ambiente es mejor y tiene rockola para poner la música que se nos dé la gana.

Cuando subieron a la cantina, que siempre estaba a media luz, Hiena confirmó lo que efectivamente le había dicho Parálisis: estaba llena de hombres con porte militar tomando trago.

Los corridos de Uriel Henao, el grupo exterminador, los Patricks, los hermanos Ariza, entre otros, eran parte de la música que ponían los paramilitares; el aguardiente Superior y el Cristal eran vendidos como pan caliente, así que el ambiente de borrachos estaba dado para que los nuevos visitantes se sentaran en una de las mesas y se pusieran a hablar.

La sorpresa de Chiri y de Hiena fue grande cuando vieron que en una de las mesas de cuatro personas, se encontraba tomando trago Rónal Gutiérrez. Una vez Hiena lo vio se fue para la mesa donde él estaba, lo saludó y saludó a los tres acompañantes. Hiena no sospechaba nada de lo que estaba pasando, y le preguntó a Rónal que cómo estaba y este le dijo que bien, después le dijo que se iban a tomar un trago con Chiri, que si quería tomar con ellos, que fuera. Rónal le dijo que gracias, que ahora iba a hablar con ellos un rato. Hiena se sentó en la mesa con Chiri y empezaron a hablar.
-Chiri, ¿usted conoce esos manes que están con Rónal?
-No los conozco, pero sé que todos son paracos.
-Los que están en la mesa del fondo, si los ve… esos eran suboficiales, hay un amigo que los conoce porque estaba en Ocaña cuando los echaron, dicen que son matones de primera.
-Quiere decir que los únicos que estamos aquí, que no somos paracos somos nosotros dos.
-Sí, sólo los dos, y Rónal.
-Pero si Rónal está con ellos, ¿será que se volvió Paraco también?
-No sé, no creo, él no es un matón.
-No, él pelea a golpes, pero nunca lo he escuchado con intención de matar ni nada.
-Bebamos, igual desde que uno no se meta con ellos no pasa nada.

Hiena a causa del litro que se había tomado con Parálisis, estaba ya muy mareado y se quedó dormido en la silla con los codos apoyados en la mesa. En ese momento Rónal se acercó y se sentó, pero al mismo tiempo que Rónal se levantó, uno de los paracos que estaba en la otra mesa se paró en la puerta de la cantina con un cigarrillo.

Rónal empezó a hablar con Chiri:
-Que tal Chiri, ¿cómo estás?
-Bien, Rónal, ¿qué haces?, ¿por qué andas ahora con esos manes?
-Mira Chiri, aquí en este pueblo nadie me da trabajo, la vez pasada que estuve trabajando en la obra de maestro Alberto, me echaron la culpa de que yo me había robado una herramienta, no me pagaron los quince días de trabajo y salí como un ladrón.
-Bueno, pero igual puedes ir a otra obra, te pueden dar trabajo de obrero raso.
-Ya he estado en varias, y en unas me dicen que no hago las cosas bien, y en esta última me sacaron, desde que me fui de mi casa a vivir con mi mujer, todo me ha salido mal.
-¿Y por qué no trabajas de jornalero? Ayudas en las fincas a botar abonos o fumigos, con eso ganas algo.
-Vieran, que aquí en este pueblo me hicieron mala fama, todos me tildan de ladrón, nadie me da trabajo, como yo no vivo con mis papás, vivo con mi mujer y mi hijo de un año, no tenemos con qué comer.

En ese momento Chiri vio que Rónal lloraba como niño pequeño, se contenía las lágrimas para que las personas que estaban no lo vieran llorar. Chiri podía ver que estaba destrozado.
-Me tocó meterme a matar gente, para poder darle de comer a mi hijo Chiri, esto es muy doloroso, pero no me quedó de otra.

Rónal se levantó de la mesa para ir al orinal e inmediatamente uno de los paramilitares se ubicó en la puerta de la cantina, en tres ocasiones durante la charla con Chiri, ocurrió lo mismo.

Después de un rato Hiena se despertó, le dijo a Chiri que pidieran otro litro a lo que Chiri respondió:

-El primero ya me lo tomé con Rónal, mejor... deje de dormir.

En ese momento uno de los hombres que estaba en el fondo de la cantina, que portaba un sombrero pesquero le dijo a Rónal:
-Rónal, tenemos que irnos.
-Vámonos- respondió Rónal.

Siete hombres y Rónal salieron de la cantina y se subieron a dos camionetas que estaban parqueadas al frente, y luego se fueron por la carretera que de Cercados conduce a Chicamocha. Pararon en un lugar inhóspito, llamado las lomas. Se bajaron y el calvo de la pava, a quien todos le decían Jairo, le dijo a Rónal:
-Como tú no has sido militar, debes demostrarnos que tienes estado físico para poder ser un paramilitar, aquí nos vas a demostrar que tienes agallas para esto.
-¿Qué tengo que hacer?- preguntó Rónal.
-Vas a correr detrás del carro, y cuando lo alcances estarás listo para trabajar con nosotros.
-Hágale entonces- dijo Rónal.
-Pero tienes que ir amarrado al carro, tú sabes que es una prueba- dijo Pedro.
Otro de los acompañantes de aquel macabro paseo afirmó:
-Te vamos a poner las esposas, y este lazo que tenemos te lo amarramos a la cadena de las esposas. Corres y alcanzas el carro, así de fácil.

Uno de los choferes, le puso unas esposas a Rónal, lo amarró con un lazo de tres metros a la camioneta y le dijo:
-Listo Rónal, voy a arrancar la camioneta, apenas yo arranque, usted corre y alcanza la camioneta.

Rónal puso sus manos adelante, pensó en que apenas el lazo se empezara a recoger correría con fuerte impulso y, que una vez tocara la camioneta, todo se acababa para ir a seguir bebiendo en la cantina.

La camioneta arrancó bruscamente, antes de que Rónal pudiera reaccionar, este se había caído debido a la tensión del lazo y fue arrastrado unos cien metros aproximadamente, en ese trayecto sus rodillas se habían destrozado y sus gritos de dolor eran escuchados en una casa lejana, pero nadie se asomó y nadie intentó ayudar. Luego la camioneta se detuvo y giró. Rónal no se podía levantar debido al dolor que tenía en las rodillas.
-No me hagan esto por favor, mátenme, pero no me hagan esto- decía con desespero Rónal.

El chofer que vio como los codos de Rónal y las rodillas estaban ensangrentadas, arrancó de nuevo la camioneta y la llevó hasta donde estaban sus socios.

Una vez de vuelta hasta donde estaban, Rónal en medio de su dolor le dijo a Jairo:
-Hijueputa cobarde, máteme a bala, o no tiene los cojones para eso- llorando suplicó que lo mataran, pero todos se burlaban de él. Rónal comprendió que se había metido en una piara de cerdos poseídos por demonios, pues no mostraban ninguna pizca de compasión ante el dolor humano.
-No, no ande más el carro, ¡por favor!- gritaba Rónal.

El recorrido de ida y vuelta se repitió tres veces más, la tortura y la gritería del herido duraron más de media hora.

Rónal estaba destrozado, ya no era capaz de articular palabra, entonces Eduardo sacó una pistola y le pegó un tiro en el pecho. El cuerpo quedó tendido en la mitad de la carretera y entre tres lo alzaron y lo botaron a una alcantarilla, luego los siete cerdos volvieron a las camionetas y se fueron a beber en la cantina como si nada hubiera pasado. A Hiena y a Chiri les pareció muy raro que no habían vuelto con él, pero no se atrevieron a preguntar nada, simplemente se levantaron y se fueron.

Al otro día, según el informe de Fiscalía entregado al señor Gutiérrez, supieron en la casa de este que Rónal había sido víctima de un macabro crimen, cometido por hombres despiadados y sin corazón. Debieron esperar un día para la necropsia y la entrega del cuerpo. El señor Demetrio Gutiérrez lloraba como niño pequeño por su Hijo; doña Margarita que llegó ese día de Bucaramanga, lloraba desconsolada por la pérdida de su hijo y no podía creer la forma tan cruel en que murió.

Dos días después, Hiena asistió al entierro de Rónal, se sentó muy cerca de Sergio en la misa, lo animaba y le decía que no sintiera odio, que finalmente esa gente terminaría mal, pero esas palabras no hacían eco en el orgullo de Sergio; lo único que quería era matar a los que le habían hecho eso a su hermano, ya sabía que Pedro y Jairo eran los autores intelectuales y que Flechas era quien manejaba el carro. Al único que no odiaba era al flaco Julio, pues este, a pesar de estar esa noche bebiendo con ellos, no asistió a la tortura.

Una vez pasó el entierro, dejado el féretro de Rónal en el panteón, Hiena vio muy cerca a Ibeth, ella llevaba un vestido negro ceñido a su cuerpo, un maquillaje leve en cuyos párpados un negro suave hacía ver el luto de aquella encantadora Venus. Hiena no pudo dejar de admirar su encantadora belleza, pues aún vestida de luto se veía espectacular. Él sintió que la presencia de ella lo ponía intranquilo, pensó que Ibeth había asistido sólo por acompañar a Sergio, así que se perdió entre la gente, porque consideró que era lo más prudente que podía hacer.

La misma noche del entierro de Rónal, los mismos clientes asistieron a la cantina "la clase", cada miembro de los paramilitares dejaba su herramienta de matar en la barra de la cantina mientras desocupaban botellas de aguardiente y de cerveza. La felicidad de ellos, aparte de matar, era consumir alcohol y asistir a los putiaderos, en esas se pasaban la vida. Aquella ocasión, el reloj marcaba la una de la mañana, el ambiente estaba en pleno apogeo en la cantina, el billar lo habían cerrado y algunos jóvenes daban vueltas por las calles consumiendo trago, cuando de un

momento a otro, un camión lleno de Ejército y policía se parqueó detrás de una de las dos Toyotas en las cuales se movilizaban los paramilitares, y todos, con su fusil cargado, irrumpieron en la cantina. Pedro se encontraba junto a Jairo en una mesa del fondo, departían y hablaban ufanándose de todas las cosas ilegales que realizaban, cuando Pedro vio que Cardona se les acercaba a gran paso por entre las mesas, intentó moverse, pero este le apuntó con su Galil 5.56.
-No te me muevas huevón o aquí te quiebro el culo- gritó Cardona lo suficientemente duro para que su voz se escuchara por encima de la música.
Sin perder de vista a Pedro, pidió que apagaran la música, encendieran todas las luces y les dijo a sus soldados que ante cualquier movimiento extraño, dispararan.
-Martínez, dele raqueta a esos dos que están en la mesa del fondo- dijo.

El soldado se apresuró, les dijo a Pedro y a Jairo que se pegaran a la pared, y procedió a requisarlos. Jairo pasó la requisa pues no tenía nada más que plata entre sus pertenencias, pero la sorpresa se la llevó el soldado cuando requisando a Pedro, le sintió entre su pretina un arma, el soldado le levantó la camiseta y le sacó una Prieto bereta con proveedor lleno, entonces le dijo a Cardona.
-Mi capitán, este tiene una Prieto, véala

Cardona le dijo a uno de los pocos policías que estaba en el lugar que hiciera el procedimiento de captura y que lo empapelara por porte ilegal de armas.

Mientras los soldados requisaban a los clientes de la cantina, unos policías encontraron en la barra del bar una cantidad de armas asombrosa, la suficiente para que cada cliente del bar se llevara una y sobraban otras cinco. Como el dueño del bar no quiso decir de quién eran todas esas armas, también fue capturado.

Cardona se acercó a Pedro y Jairo y les dijo:

-Ya sé que fueron ustedes los que le hicieron eso a ese muchacho, ¿cómo pudieron hacer eso?
-Eso me lo tiene que comprobar, Cardona- dijo Pedro.

Cardona perdió en ese momento los estribos y con rabia le pegó una serie de patadas a Pedro, y gritó:
-A mí no me vengas a bravear cabrón, ¡aquí mando yo!

Pedro supo que tenía todo perdido; que no había nadie adentro de las filas del Ejército que pudiera hacer cambiar a Cardona de parecer; que su proceso por porte ilegal de armas no tenía reversa, y que le podían abrir otro por el homicidio de Rónal, pues él era el único que tenía armas en ese momento.

Cardona ordenó que abrieran las dos camionetas, les dijo que si era necesario abrirlas a bala que las abrieran, y que buscaran cualquier evidencia de la muerte del muchacho, como cabello, objetos o manchones de sangre, lo que fuera, de modo que el personal de la Fiscalía se apresuró a buscar en las lujosas Toyotas las evidencias para incriminar a estos personajes en el acto. No se tardaron mucho y encontraron un lazo y unas esposas que tenían en el borde un manchón de sangre. Con estas pruebas Cardona supo que tenía lo suficiente para judicializarlos. Esa misma noche fueron capturados 14 hombres que habían estado en la cantina compartiendo.

Pedro fue condenado a diez años de cárcel por porte ilegal de armas, los demás salieron libres porque según un juez, como muchos de Colombia, no había suficientes evidencias para culpar a ninguno por la muerte de Rónal. El único que era investigado por tal crimen era el mismo Pedro. La misma suerte le corrió al dueño del bar.

Unos dos meses más tarde, en la vereda Loma del negro del municipio de Chicamocha, fue asesinado Jairo en una vendetta entre paramilitares. La desaparición de 30 millones de pesos que un comerciante de Guicán había aportado para la guerra, sellaron su destino. Una orden directamente del sur de Bolívar para que lo mataran fue ejecutada por uno de sus enemigos que militaba en la misma organización. Para que fuera comida de los perros y de los gallinazos, su cuerpo fue lanzado en un potrero en el que reposaban los restos de muchos inocentes.

ENCUENTRO DE DOS BANDIDOS

"También se presume de que esta es una nación plagada por la violencia más artera, desde sus inicios hasta el día presente"
Enrique Serrano.

La gran ciudad de nadie, la jungla de asfalto y ciudad caótica había cambiado totalmente a Hiena, su vida en Bogotá había servido para que conociera las cloacas sociales y supiera dónde funcionaban los expendios de droga.

Hiena conoció y trató con bandidos de la peor calaña, se hizo amigo de algunos de los jíbaros, y andaba con cabello a los hombros. Después de la traición de Jessica se había dedicado al consumo de trago y en este consumo se había hecho conocido de amigos de distinta calidad, y su mirada cambió, así como su forma de vestir.

Un día que Hiena visitó su pueblo, Cercados, mientras caminaba por una calle oscura en búsqueda de su amigo Luis, escuchó que gritaban:
-¡Cabrón!.. gomelito de mierda, bobo, ¡Váyase!, este es mi barrio. ¿Usted qué hace aquí?

Hiena pensó que estaban insultando a alguien por ahí lejano, cuando escuchó nuevamente los insultos:
-Mechudito, gomelito de mierda, es con usted Hiena.

En ese momento miró hacia atrás y vio a dos hombres que consumían marihuana. Uno de ellos se levantó apenas este volteó la mirada, y le dijo:
-¿Usted qué hace en mi territorio?, gomelo cabrón. Este es nuestro barrio, nuestro barrio de pobres, ¿usted qué hace aquí?, si usted pertenece a los gomelos.

Hiena se devolvió, porque su trato con hampones de lo peor, lo habían hecho fuerte. No conocía al autor de los insultos, pero se le devolvió y le dijo:
-Yo entro a donde se me dé la hijueputa gana, si usted me lo va a impedir venga a ver cómo es que es.

El chirrete al ver que Hiena era más valiente de lo que pensaba, porque se había devuelto a encararlo, empezó a sentir nervios y, al ver a Hiena cerca se asustó aún más, porque a pesar de tener cabello largo, Hiena no tenía nada de gomelo y podía ver que venía del infierno y que no tenía miedo. El chirrete, se dio cuenta que se había metido con quien no debía.
-Párese haber hijueputa nos rompemos usted y yo cabrón-dijo Hiena mientras miraba a los ojos a su contendor.
Este le agachó la cabeza, miró para otro lado y le dijo:
-Ya cálmese Hiena, no es para tanto.
-No es para tanto, entonces me tengo que dejar insultar de un hijueputa como usted, no es sino que diga y nos rompemos cuando quiera.
-¡Ya!.. Cálmese- gritó el chirrete.

Hiena al ver que el tipo que lo insultaba resultaba ser un balbuceador de palabras, siguió su camino y, media cuadra después golpeó en la casa de Luis y salió su mamá. Él preguntó por su amigo y la señora le respondió que no estaba, entonces Hiena se devolvió por la callejuela y en su salida vio de nuevo a su contrincante sentado en el andén, ya se habían fumado un porro y lo vieron pasar tranquilo.

Había caminado unas cuatro cuadras cuando se encontró a Adriana, la novia de Luis, y ella le dijo:
-Vamos hasta donde Luis, él no demora en llegar, hace poco me llamó a la casa y me dijo que nos viéramos en quince minutos en la casa, vamos hasta allá

Mientras caminaban a la casa de Luis, Hiena le contó a Adriana lo que el chirrete le había hecho y le dijo que no quería pasar más por allá, porque le daba miedo que se armara y lo matara, le dijo que no quería devolverse.

Adriana le dijo que no había problema y lo convenció de que se devolvieran. Cuando pasaron por donde el chirrete, Hiena vio que el pelafustán de la discusión se levantó y se movió con rumbo desconocido. Cuando golpearon en la casa de Luis, salió la mamá y les dijo que él no había llegado y cuando se disponían a entrar para esperarlo, apareció de nuevo el chirrete, pero esta vez portando una macheta y de forma desafiante le dijo a Hiena:
-Ahora si ven acá rata, que te voy a matar.

Hiena que ya había escuchado de este tipo de peleas en la cárcel modelo cuando iba a visitar a uno de sus conocidos, supo que lo mejor era envolverse la chaqueta en la mano y estar en lo posible en campo abierto, pues si su contendor fallaba al primer intento, era probable que la macheta fuera a dar contra el piso y tendría oportunidad de reaccionar. Así que, alejado de la pared, le dijo al contendor:
-Venga aquí a ver cómo nos va.

La mamá de Luis les dijo que se entraran y Adriana dijo:
-Entrémonos, no te le rebajes a este loco, por favor entremos.
-Yo no voy a entrar, yo no le voy a demostrar miedo a un hijueputa de estos.

En ese momento llegaron varios policías, nadie supo quién los llamó.
-Grillo, suelte esa macheta o nos toca dispararle- dijeron los oficiales.
Grillo que era el apodo del chirrete soltó la macheta, mientras uno de los policías lo esposó, le dijo a Hiena:
-Esta no se queda así cabrón.
-Cuando quiera nos matamos Hijueputa- le respondió Hiena.

Después de esto, Adriana entró a la casa de Luis y Hiena salió tranquilo por aquella callejuela; juró no volver, porque su instinto, al parecer, ya era muy parecido al nombre que le tenían en el pueblo, pues podía olfatear donde meterse y donde no.

Al día siguiente, a las nueve de la mañana, unos fuertes golpes sonaron en la puerta de la casa de Hiena, a él le parecieron extraños porque no esperaba visita de nadie. Al abrir la puerta, quedó sorprendido al ver que era Sergio Gutiérrez.

-¿Qué haces Hiena?, ¿cómo has estado?

-Bien, que gusto me da verte.

-¿Estás ocupado?, vamos nos tomamos una cerveza. Necesito hablar contigo.

-Espérame me pongo una camiseta, porque estaba haciendo ejercicio.

Los dos amigos caminaron tranquilos por la calle Rosa del pueblo y se metieron a la tienda del churco, pidieron dos cervezas costeñas y cuando las recibieron, Sergio preguntó:

-¿Qué te pasó anoche con Grillo?

-Nada, empezó a gritarme gomelo, cabrón y me dijo que yo no podía ir a su barrio. Pobre Hijueputa, por eso lo bravié y le dije que se parara a golpes, me fui de ahí, y luego cuando me hicieron devolver, se fue a encimarme con un machete, donde no aparezca la policía, uno de los dos no estuviera contando el cuento.

-Mira Hiena, tú sabes cuánto te quiero, mi hermano te estimaba mucho, y yo sé de lo que estás hecho. Mi hermano me contó que una vez el Loco, el que te pegó cuando eras niño, entró a las maquinitas y que tú le diste sin compasión, pero ese grillo no lleva nada que perder, y tú sí, por eso no podemos dejar el problema así.

-Es que él fue el que me buscó, yo no estaba haciendo nada, simplemente iba para la casa de Lucho y él empezó a insultarme, eso fue todo.

-Mira, Grillo se las tira de bandido, no sé si habrá matado gente o no, pero le gusta alardear de que ha matado, esta mañana fue a mi casa porque sabe cuánto te estimo y cuanto te estimaba mi hermano Rónal. Me dijo que te quiere matar, así que no le vayas a dar oportunidad para que te acabe.

-Gracias Sergio, yo también te estimo mucho, pero tú sabes que no me voy a dejar.

Sergio y Hiena compartieron un rato, hablaron bastante y se tomaron una cerveza. Luego se despidieron y esa noche, Hiena se fue para el billar "la clase", ahí se encontró con Chiri, que era el zángano de su familia, porque mientras sus hermanos menores estaban en otras ciudades estudiando ingeniería, él se había quedado en el pueblo haciendo parte de la fila de desocupados que toman tinto y quedan libres. La única esperanza que Chiri albergaba era ser el mejor billarista del pueblo y se la pasaba practicando.

Hiena fue a buscar a Chiri porque aspiraba a ganarle en algún momento una partida. En medio de risas y chanzas jugaron, y nuevamente las grandes aptitudes para las tres bandas de Chiri hicieron que Hiena tuviera que pagar la cuenta. Después se pararon en la puerta del billar a donde estaban varios amigos, entre ellos Sergio. Hablaron de cosas banales, de lo bonitas que eran algunas mujeres del pueblo, de las adolescentes embarazadas que resultaban y de tal o cuál vecino que fumaba hachís. Ninguna conversación relevante o que pudiera cambiar la historia del país fluía en estos personajes.

Cuando acabaron de fumar una cajetilla de Belmont 20, Hiena les dijo que se iba a comer una picada en las casetas de comidas y luego se iría a descansar. Eran las nueve y media de la noche, Hiena se despidió de todos y se fue caminando hacia el sur, en la esquina giró a la derecha en sentido oriente hacía las casetas de comida. Cuando estaba cerca a su destino, vio que una silueta desde la esquina se aproximaba hacia él, pensó que era cualquier persona que estuviera deambulando por el pueblo a esa hora, pero cuando lo tuvo a menos de cinco metros de distancia pudo identificar al chirrete con el que tuvo el altercado el día anterior. La calle estaba totalmente sola y repentinamente Grillo puso su mano detrás de su cabeza y de una maleta que portaba la cual no había visto Hiena, sacó una macheta, la misma con la cual lo había amenazado la noche anterior, Hiena se preparó para morir, supo que era su fin, y lo confirmó cuando Grillo le dijo:

-Ahora sí te mató Hiena, anoche me humillaste y hoy te mataré.

Hiena pensó que correr no era una opción, pues eso significaba seguir corriendo en otras oportunidades que se encontraran en la calle, así que se quitó la camiseta y se la envolvió en su mano derecha con el fin de defenderse de los golpes de la macheta. De la misma esquina de donde había aparecido Grillo, una sombra se movía rápidamente, Hiena miraba de reojo que alguien se acercaba pero igual no podía detenerse a mirar quien venía pues no podía descuidar el ataque de Grillo. La luz era baja y era difícil identificar personas, como Hiena podía verlo de frente y Grillo no, identificó que el que se acercaba era Sergio y que estaba apuntándole a Grillo con un revolver 38 largo.

En medio del agite de la contienda Sergio dijo:

-Tira el primer machetazo, cabrón, y te vuelo la cabeza hijueputa.

-Usted porque se mete. Deje que este man me humilló ayer y lo voy a matar, no se meta por favor- dijo quejambrosamente Grillo.

-Suelte ese machete o le pego un tiro.

-Sergio, yo le dije esta mañana que iba a matar a su amigo, usted dijo que si quería lo matara, porque no me deja que lo haga- dijo Grillo después de soltar la imitación de espada.

-Yo le dije que si quería lo matara, pero como lo va a coger así, indefenso, y en superioridad de armas, usted es un cobarde, no tiene cojones para vivir entre bandidos, por eso aquí lo puedo matar, por cobarde. Y le digo de una vez, si llega a matar a Hiena, lo mato, tiene que saberlo.

Grillo se sintió herido, pero sabía que Sergio hablaba en serio, sabía que cualquier movimiento contra Hiena Sergio lo cobraría con la vida, de modo que se resignó, guardó su machete en la maleta y se marchó. Sergio y Hiena se quedaron en el lugar. Hiena se puso la camiseta de nuevo, mostró mucho odio hen sus ojos y no pronunció palabra, porque no entendía como Sergio lo había salvado de la muerte. Intentó balbucear palabras pero el nerviosismo

mezclado con ira, no se lo permitieron, entonces Sergio le dijo:
-Vamos Hiena, vamos a la caseta de mi mamá, allá comemos picada y cada uno para su casa a dormir.

Cuando llegaron a la caseta de doña Margarita, Hiena ya se había tranquilizado. Pidieron dos picadas de ubre, pollo, papas criollas fritas y un consomé.
-Como supiste que me iban a matar precisamente ahí- preguntó Hiena.
-No lo sé Hiena, simplemente supuse que te iban a hacer cacería cuando estuvieras solo por la calle, y que mejor que en la noche, cuando no hay testigos, por eso me le di la vuelta a la manzana, y me pegué un trote, esperando verte. De lejos vi que te tenían intimidado y por eso me moví rápidamente.
-¿Siempre andas armado?
-Desde que mataron a mi hermano Rónal, siempre ando armado, al menos si alguien me quiere matar, que me rellene de plomo, pero no voy a permitir que me torturen ni me humillen como lo hicieron con él.

Hiena, que de lejos admiraba la belleza de la señora Margarita y de su hija Lina, que en ese momento le ayudaba en la venta de comida, le dijo:
-Es mejor, yo no tengo liebres en este pueblo, pero si consideras que las tienes, es mejor que te cuides.
-¿Cuánto le debo señora Margarita?- preguntó Hiena en un tono de agradecimiento.
-20.000 John Jairo, respondió la señora desde la parte interior de la caseta.

Hiena quedó sorprendido, porque aparte de su nonna, nadie lo llamaba por sus dos nombres. Ahí supo que doña Margarita veía en él muchas cosas de Rónal y por eso, lo trataba con cierto cariño. Hiena que no tenía buenos recuerdos del amor, se sintió extraño ante la muestra de afecto maternal de la señora, pagó la cuenta, se despidió de Sergio, dio las gracias y se marchó.

Durante su camino se puso a pensar en la existencia de Dios. En su estadía en Bogotá había conocido todo tipo de gente entre ellas a Yoko, un compañero de la universidad quien decía que Dios pone Ángeles en el camino de las personas, entonces pensó que Sergio y Rónal eran Ángeles que Dios le enviaba para protegerlo. Fue entonces cuando pensó que si Dios existe, sería porque lo tenía para cosas grandes, porque lo habían salvado de morir a machetazos.

REGRESO AL PUEBLO

"Creo en los libros por encima de todo. Sólo a través de ellos liberaremos algún día a tanta gente de la opresión y de la ignorancia".
Mario Mendoza

Pasaron más de tres años, desde el asesinato de Rónal Gutiérrez, sin que Hiena visitara el pueblo, pero por la muerte de su nonna volvió. A él no le gustaba ir al pueblo, porque los recuerdos de Jessica lo atormentaban, pero regresó casi que obligado por cuestiones morales, ya que sentía mucho amor y gratitud por su nonna.

Mientras caminaba por el pueblo, las remembranzas le golpeaban la mente, y le dolía comparar el pueblo que dejó cuando se marchó, con el que ahora veía. El actual le generaba muchas contradicciones en su pensamiento, porque tenía nuevos barrios con lujosas construcciones, como las de Bogotá, y ahora se veían camionetas de todo tipo, y en las calles abundaban las motocicletas tipo enduro. Los cambios eran muy grandes, sobre todo en las personas quienes ya no sentían miedo de invertir y todo era muy diferente.

Después de dar un par de vueltas, fue a visitar a Suricato y saludó a los hermanos de él. En la fisionomía de Suricato notó el paso del tiempo, porque ahora estaba más gordo.

Sin ocultar la alegría de ver a su amigo lo saludó al mejor estilo de los santandereanos:
-¿Qué hizo Suricato?
-Pero qué Hiena, aquí trabajando para ver si somos como usted, que nos llegue la plata sin hacer nada.
-¡Oigan a este!, usted se desayuna y queda desocupado, a mi si me toca hacer algo. ¿Qué hace?, ¿cómo le ha ido?, todavía sigue siendo el gallo basto del pueblo, aún es el padrón de los conejos.
Suricato dibujó una sonrisa en su rostro ante los elogios de su amigo, después de una risotada larga le susurró:

-Usted sabe que estamos de moda, a la que necesite afecto, se le colabora.
Hiena sonrió y le dijo:
-Ojala la pinta le dure toda la vida.
-Así será don Hiena, ¿usted qué cuenta?
-Todo igual, ahora estoy juicioso leyendo muchos libros. Camine nos tomamos algo y hablamos.

Cuando llegaron al billar, se sentaron en una de las mesas del fondo donde Hiena siempre se ubicaba dándole la espalda a las mesas de billar y mirando a la puerta. Pidieron algo de tomar y Suricato dijo:
-Hiena, ten cuidado con Sergio, porque él ahora es muy torcido, anda robando al que se deje. Se roba los celulares, los radios de los carros, lo que le dé oportunidad, anda muy boletiado en este pueblo y usted sabe que acá todos saben la vida de todos.
-No lo sé Suricato, he tratado con gente de todos los calibres, en mis visitas a la cárcel modelo tuve la oportunidad de dialogar con bandidos de la peor calaña, y ante ninguno me sentí intimidado, de modo que no veo por qué le tengo que tener miedo a Sergio.
-Pues no miedo, pero tal vez no trates con él, de pronto lo vayan a matar y por estar juntos te maten a ti también.
-¿Cómo cuánto lleva robando?, según los chismes.
-Desde que le mataron al hermano.
-Cuatro años, no creo, en cuatro años alguno, ardido por algo lo hubiera ya matado, más en este ambiente de intolerancia que se respira aquí.
-Esos son los chismes de la gente.
-Esos son los chismes de los que tanto busco huir Suricato. Una de las cosas por las que nunca me gusta venir aquí es porque ninguna vieja me hace caso, por los chismes y la idiosincrasia de la gente de pueblo. El hecho de haber tenido una novia puta hace que todas me repudien, ahora todas señalan a la que hace trabajos horizontales y muchas hacen lo mismo a cambio de favores, a cambio de trabajos; finalmente no son más que putas sin lucro, pero igual cualquier mujer que preste su cuerpo a cambio de favores no es más que lo mismo, una vagabunda, pero se atreven a

señalar a una que trabaja en un negocio y que abiertamente reconoce su condición, ¡que humanidad tan cruel en la que vivimos!, y sobre todo, en estos pueblos, donde muchas personas creen tener el derecho de señalar y juzgar.

-Tienes razón- dijo Suricato, y Hiena, apretándole el hombro le dijo:

-Trata de no repetir ninguno de esos chismes, no sabemos si repetir esas palabras pueda generar maldiciones para nosotros.

-¿Cómo así maldiciones?

-Mira, te lo voy a plantear con un ejemplo: recuerdas que una vez mataron a un muchacho que tenía un salón de belleza, no recuerdo su nombre.

-Si lo recuerdo, Ramiro el que era afeminado.

-Pues mira, la tía lo juzgó miles de veces, fue muy cruel con él, se la pasaba diciendo que, cómo era posible que permitieran un marica en la familia, que deberían desheredarlo y enviarlo a un seminario o a un lugar donde le sacaran los demonios y fuera regenerado.

-¿Y qué pasó?- preguntó Suricato.

-Pues esta señora mandó a la hija a estudiar a Bogotá, y una vez fue a visitarla de sorpresa al apartamento donde vivía y al ingresar, adivine qué pasó.

-¿qué?, ¿la hija trabajaba de puta?- dijo Suricato lleno de incertidumbre.

-No, algo peor para ella que se creía la dueña de las voluntades ajenas. Resulta que encontró a su hija durmiendo con otra muchacha, de modo que su vergüenza fue muy grande porque ella, que tanto juzgó a su sobrino por ser libre y expresar su homosexualismo, tuvo que sufrir el escarnio de admitir que su hija era lesbiana.

-Duro, ¿cierto?

-A este tipo de maldiciones es a las que yo me refiero Suricato, cuídate de tus palabras, veas lo que veas, no digas nada, guarda en tu mente tus cosas y pídele a Dios, cualquiera que sea tu imagen de él, para que te proteja de maldiciones.

Suricato guardó silencio ante las palabras de su amigo, quien ahora era muy diferente, porque ya tenía acento rolo;

su léxico era un poco cambiado, utilizaba palabras rebuscadas para expresar sus ideas, y sobretodo, se dio cuenta que su amigo tenía razón en lo de las maldiciones.

-Está bien, voy a tratar de hacer eso, voy a quedarme callado. Nunca lo había pensado de esa forma.

-Y cuéntame de ti, aún te comes a Ibeth, a Diana y a María Victoria.

-Claro, y la que quiera, se le colabora.

-No sientes miedo de que te descubran, si te da miedo Sergio, ¿por qué te comes a la hermana y a la novia?, no dices que le tienes miedo.

-Si le tengo miedo, pero igual nunca me ha dicho nada.

-Entonces no es tan malo como tú crees, mira Suricato, un verdadero matón no le dice a su víctima ninguna palabra, simplemente lo ejecuta, sea a bala, envenenándolo, pasándole un carro por encima, picándolo con motosierra, como sea. Un verdadero matón no anda con cuentos, si Sergio fuera tan malo como dices, no toleraría esas cosas y ya te hubiera matado, así que relájate.

-Es decir que un matón nunca le anuncia a su víctima que lo va a matar.

-Es muy raro que lo haga, actúan como las fieras, simplemente se esconden, y cuando tienen a su presa cerca lo acechan y asesinan sin compasión, ese es su modo de actuar.

-¿Cómo sabes eso Hiena?, ¿por qué ahora andas detrás de cosas de la mente y del comportamiento humano?

-Todo eso lo sé, por escuchar a los matones en la cárcel modelo de Bogotá, todos tienen una psicología muy parecida, no dicen una palabra, no son héroes pues nunca le dejan tiempo a su víctima de reaccionar, el factor sorpresa es su principal arma, de modo que eso no tiene nada de heroísmo, pero así son la mayoría de asesinos.

-Ahhh, bueno saberlo.

-Mira, Sergio no te va a matar, tal vez el amigo de él, Pin Pon, el que una vez peleó conmigo, ese si tiene cara y perfil de matón, por eso siempre cuando está él me alejo, porque él si se ve que ha matado gente.

-¿Cómo sabes que ha asesinado?

-Suricato, si pudiera explicar todas las percepciones que el ser humano va aprendiendo a medida que trata con personas, te lo explicaría, pero no tengo una explicación para eso, simplemente míralo a los ojos, ahí podrás ver qué es un monstruo.

-Me confundes más- dijo Suricato.

-Hay unas cosas difíciles de explicar, por ejemplo: hay un pasaje en la Biblia donde un hombre le responde a Jesús: "me llamo legión porque somos muchos", pues bien, que más ejemplo quieres de saber que en una persona no habita un solo espíritu o una sola personalidad, habitan muchas. Cada uno de nosotros no somos más que múltiples personalidades, de eso se trata, por eso te digo que lo mires a los ojos, veras que son miradas diferentes y voces diferentes las que salen de su boca, y una de esas voces es la de un asesino despiadado.

-Recuerdas que a Pin Pon la guerrilla le mató a la mamá y al papá, puede que eso haya generado en él tanto odio para comportarse así.

-Puede que sí, hay muchas personas que han sufrido desencadenantes para que sus otras personalidades salgan a flote, la única forma de explicar el comportamiento humano es desde las múltiples personalidades, recuerda al doctor Jekyll y Mr Hide, no son más que múltiples personalidades, que en este caso es una pócima la desencadenante, en otra puede ser un hecho, pero todo obedece a que no somos uno solo, somos muchos, no necesariamente una legión de demonios, puede también ser legión de Ángeles.

-¿De dónde sacas eso de las múltiples personalidades?

-Eso ha sido escrito una y otra vez por miles de escritores, simplemente porque quizá sienten que en un momento escribe alguien y al rato escribe alguien diferente dentro del mismo cuerpo. En un instante escribe un santo, en otro un lujurioso, luego siguen en turno los asesinos, los mitómanos y así, hasta que los libros se terminan.

-¿Tienes más ejemplos?

-Sí, mira que Campo Elías Delgado era un soldado, que intentaba conquistar mujeres utilizando a su hombre bueno, a su hombre cariñoso, pero era más evidente para ellas que por dentro se ocultaba un gran asesino y por eso ellas huían instintivamente, hasta que finalmente fue su personalidad asesina la que salió a flote y mató a varias personas en un restaurante y terminó suicidándose.

Hiena tomó un poco de aire, respiró profundamente y siguió:
-Mira al gran Dostoievski, pareciera que era un gran asesino que nunca pudo actuar pero que en su obra si lo mostró, dejando morir niñas inocentes en varios de sus libros, o cuando mató a la vieja en el libro Crimen y castigo. Creo que él con la literatura, simplemente mostraba sus múltiples personalidades.
-Veo que estas muy bien instruido, de modo que Pin Pon ha dejado que su personalidad asesina prevalezca.
-Sí.
-Y, ¿cómo sostienes que una personalidad fluya sobre la otra?-preguntó con gran curiosidad Suricato.
-Somos esa infinita guerra interna, así como un día Jesús fue tentando en el desierto y supo rechazar las ofertas de Satanás, el bien y el mal siempre luchan en nuestro interior, la psicología humana no puede ser explicada de otra forma que desde las múltiples personalidades. La personalidad que va a prevalecer es la que más alimentemos con nuestros pensamientos.
-Quieres decir que todos los asesinos, siempre han pensado en matar y pocas veces lo manifiestan.
-Así es, y si alguien todo el tiempo piensa en matar, tarde o temprano terminara matando, por ejemplo, volviendo a Dostoievski, aparentemente siempre quiso matar a su padre, lo tildaba como un viejo avaro, mujeriego y lujurioso, nunca pudo matarlo, pero en su libro: Los hermanos Karamazov, pudo desdoblar muy bien sus personalidades en tres hermanos y cada uno de ellos puso su respectiva parte para matar al padre, es de admirar la obra de Dostoievski, debieron haber tomado su obra como referencia para explicar la psicología humana.
-Hiena, ¿qué haces estudiando ciencias sociales?, ¿por qué no te dedicas a la psicología?
-En algún momento me dedicaré a eso, por ahora déjame leer muchos libros.

-Y de lo que tú hablas de los detonantes, tiene que ser el hecho de que le maten a uno a alguien o puede haber otros.
-Mira Suricato, pueden ser muchos más, por ejemplo, si te pones a leer las biografías de algunos asesinos seriales, muchos de ellos llevaban una vida normal, pero sus verdaderas mentes asesinas surgieron en estados que los alejaron de la realidad, sea a través del alcohol, o de las drogas. Algunos de los asesinos han reconocido que sus crímenes los realizaron en estados de alicoramiento o de alucinación, debido al consumo de drogas.
-Bueno, entonces toca alejarnos del alcohol, para no resultar matando a nadie.

Hiena recordó que muchas veces, al estar borracho, sintió ganas de matar a Grillo, y que fue detenido por algunos de sus amigos. En ese momento supo que también portaba en su subconsciente un asesino que salía a flote cuando el alcohol actuaba, así que dijo que lo mejor era alejarse del alcohol.
-Vámonos- dijo Suricato -en la noche bebemos, ahora es muy temprano.

Los dos amigos rieron de lo irónico de la charla y se fueron para sus casas a almorzar.

Mientras Hiena caminaba hacia la casa de su nonna, miró la cuadra donde funcionaba la zona de tolerancia y recordó sin odio y dolor a su amada Jessica, simplemente sintió un agradecimiento hacia ella por todo lo que habían vivido, y recordó que cada semana se la pasaba en cosas banales esperando que llegara el jueves para ir a perderse en un concierto de lujuria y fornicación con ella. También recordó que cada vez que estaba con Jessica quedaba en un estado de tranquilidad que nunca había vuelto a sentir y se preguntó, ¿cómo harán los demás?, ¿cómo vivirá el resto de los hombres que no tienen una Jessica para saciar su libido? Pensó en que algunos hombres se la pasan toda la vida masturbándose, pues por cualquier razón nunca han tenido una pareja con la cual disfrutar del máximo encanto de la vida.

Los recuerdos le hacían creer a Hiena que las personas que no han vivido cosas intensas, pasan su vida añorando vivirlas y mueren sin recuerdos gratos. Aunque no compartía intimidades con nadie, internamente esas experiencias le daban un poco de alegría para seguir viviendo, y con solo escuchar algunos vallenatos rompecorazones volvía a traer a Jessica de nuevo a su mente, aunque no quería intentar buscarla, porque si se fue, que le vaya bien, se repetía.

Después de almorzar, Hiena se dirigió a la casa de su amigo Sergio, fue a buscarlo, pues los amigos son para toda la vida. Luego de golpear cuatro veces la puerta, Lina le abrió y al verlo le dijo con admiración:
-Hola Hiena, ¿cómo te ha ido?
-Bien Lina, ¿tú cómo estás?
-Muy bien, todo normal. Hacía mucho que no te veía, ¿cómo te ha ido?
-Bien, en Bogotá tratando de terminar mi carrera y nada más.
-Bueno, ya te llamo a Sergio.
-Si por favor llámalo.
-Espere porque esta con Pin Pon, hablando en la habitación, voy a golpearle a ver si sale.

Después de unos cinco minutos que para Hiena parecían eternos, porque no estaba acostumbrado a esperar a nadie, salió Pin Pon. Hiena esperaba a unos dos metros de distancia afuera de la puerta, y Pin Pon al ver a Hiena lo miró con odio, entonces Hiena mirándolo fijamente a los ojos, le dijo:
-¿Algún problema, Pin Pon?
-Cuando quiera Hijueputa- asintió Pin Pon, lleno de odio.

Hiena se le lanzó y lo tomó de la camisa; lo estrelló contra el borde de la pared que quedaba al terminar la puerta, y le gritó:
-A mí no me asustas maricón, conmigo no te pares en gajos pichos.

Un grito de Sergio detuvo la riña en el acto, Sergio salió a la puerta y dijo:
-Ya… ¡cálmense!- y los separó con sus brazos. Luego le dijo a Pin Pon:
-Mijito vete que ya cuadramos todo, en estos días concretamos eso.

Cuando Pin Pon se fue, Hiena le dio la mano a su amigo Sergio y en el tono más afectivo le dijo:
-Viejo Sergio, ¿cómo vamos?
-Bien Hiena, acá en el pueblo, relajados.
-Sigue y nos tomamos algo. Me imagino que ya almorzaste.
-Si ya almorcé.

Una sensación de que una cantidad de gente atascada en la puerta de la casa de Sergio le impedía seguir, frenó la entrada de Hiena, quien al sentir esto le dijo:
-Camine Sergio, vamos al parque o a alguna parte, buscamos una cafetería y hablamos.
-Espéreme me pongo una chaqueta y vamos.

Hiena tenía claro que en un pueblo cálido no es necesario vestir una chaqueta, pero sí es útil cuando se desea ocultar algo, de modo que intuyó inmediatamente cual era la necesidad de Sergio de siempre andar con chaqueta, así fuera la más ligera.

Llegaron a una cafetería, Hiena se aseguró de tomar una posición donde todo el tiempo pudiera ver la puerta y que nadie lograra escuchar la conversación. Luego de pedir dos cafés en leche y empanadas, preguntó:
-¿Cómo te ha ido Sergio?, ¿a qué te dedicas ahora?
-A nada Hiena, a tener a Ibeth, y a otras varias, pero nada en especial.
-Insinúas que no piensas en estudiar, ni en trabajar, sólo en comerte a las muchachas del pueblo.
-No tengo más que hacer.
-Mira, no pretendo censurarte, puedes hacer lo que quieras, pero ten cuidado con ese tipo con el que andas, es una rata de lo peor.

-¿Cuál?, Pin Pon.
-Ese. Hace mucho tiempo, yo estaba mirando un carnaval de carrancios, y de un momento a otro sentí que me golpearon el hombro, mire hacia atrás y era él. Me botó un poco de harina de trigo en los ojos, sin conocerme.

Sergio empezó a reír y mientras tomaba un sorbo de tinto preguntó:
-¿Qué pasó después?
-Me tocó pedirle agua a una vieja que estaba cerca para echarme en los ojos. Una vez pude ver algo, lo busqué y le pegué un patadón-. Después de degustar el café para sentir si estaba muy caliente prosiguió. -Nos íbamos a agarrar ahí y los manes que estaban nos separaron.

Una risa larga dejó ver que Sergio andaba tranquilo y luego dijo:
-Ese no es malo, lo volvieron malo. Porque la guerrilla le mató al papá y al tío cuando teníamos siete años.
-Pero Sergio, el hecho de que uno haya pasado por malas experiencias no le da derecho a intentar ser malo con el resto de las personas, lo que debe hacer es buscar -en caso de que se requiera- ayuda psicológica, y tratar de superar las cosas difíciles vividas, pero no andar intentando hacerle daño a los demás, esa es la lógica de algunos resentidos, pero tarde o temprano, si uno hace eso, alguien va a arremeter contra uno.
-Bueno, es de las pocas personas en las cuales confío, aparte de ti. Si me dices que no confié en él, pues mis amigos los cuento con esta mano y me sobran dedos- afirmó Sergio, mientras levantaba su mano derecha, -tocaría quedarme solo, porque tú te vas y no confío en nadie.
-Es que así tiene que ser, no se debe confiar en nadie, la misma Biblia lo dice: *"maldito sea el hombre que confía en otro hombre"*.

Sergio después de una reflexionar un rato continuó la conversación:
-Pero… la biblia también dice: "amaras a tu prójimo como a ti mismo", significa que la misma Biblia se contradice. Nos

han sumido en un mundo de contradicción y locura. La santa Iglesia Católica, la que trajo la homofobia; acompañó el racismo, y muchas formas de discriminación, nos ha hundido en dudas casi irresolubles, menos mal que nadie piensa en eso. Sólo uno que no tiene nada que hacer, aparte de llenarse la cabeza de malos pensamientos y, a veces reflexiona sobre enigmas en los cuales nadie más piensa.
-Es cierto, hay cosas de la religión que nunca vamos a comprender, o que quizás sí, pero nadie se atreve a objetarlas, simplemente porque les da miedo las excomuniones y todas esas cosas que utiliza la Iglesia para coartar a la gente.
-¿Cómo, cuáles?
-Mira Sergio, si te pones a leer y estudiar el tema, como lo hizo Vallejo o como lo han hecho muchos eruditos, quienes se dieron cuenta que desde sus inicios la Iglesia Católica que es una institución corrupta y con todo el billete que no te imaginas, te darás cuenta de lo mismo.
-¿Y qué con eso?
-Pues que se inventaron que los sacerdotes no podían tener esposa ni hijos, simplemente para que no hubiera herederos de tanto billete, y al negarle la condición de hombre a un espécimen humano, generaron la pederastia y quién sabe qué más cantidad de vejámenes en los pobres hombrecitos que eran enviados al seminario.
-Bien dicho Hiena, otra cosa es que nunca publiquen eso, pero cada vez salen más casos de sacerdotes que violan a niños o de escándalos sexuales.
-Si, por eso hay que tener cuidado con los niños, no dejarlos en cercanías de ellos. Pero también se producen santos, personas transparentes, que están allá por convicción, que obvio no van a pasar de ser sacerdotes de parroquia, saben que para llegar a tener mando en una institución de esas se tienen que untar de corrupción o quizás conseguir niños para hacerlos pasar por las habitaciones de los superiores, entonces prefieren quedarse toda la vida siendo sacerdotes sin fama, sin dinero, pero conservan el don que Dios les dio y se aproximan a la santidad.
-¿A qué te refieres Hiena?, no te entiendo.

-Mira, te lo voy a explicar, quizás idealizaron el personaje de santidad, para hacer ver a la Iglesia como una institución de castos, de puros, de humildes y de santos, eso siempre le han hecho creer a los feligreses, pero no he visto ningún obispo que se haya ido a un desierto a orar durante cuarenta días y a alimentarse de grillos y raíces de árboles, eso no pasa, ellos se mueven en camionetas de alta gama, viven como reyes en sus lugares, sea en parroquias o en otras partes y nunca van a acercarse a la santidad, pues viven en la opulencia, en las reuniones sociales y repiten lo que al político de turno más le convenga. Para ellos quizás no existe el ayuno, ni la sincera oración, mucho menos la santidad; ellos ya viven en un estado que a Satanás no le interesa, pero en cambio hay quienes viven en santidad o, al menos, eso intentan. Ellos son los de admirar.
-¿A quiénes te refieres Hiena?, ¿tienes uno puntual?
-Tengo varios, pero para contextualizarte, te voy a explicar desde el principio. A Jesús, que es la imagen más cercana de un Dios, lo tentó Satanás en el desierto, miremos como fue.

De un momento a otro, Hiena sacó de entre su billetera una hoja que estaba doblada en ocho partes, las cuales contenían una infinidad de letras pequeñitas que sólo él podía entender, entonces Hiena le dijo:
-Te voy a leer la cita contenida en Mateo 5.

"Entonces acercándose el tentador le dijo: si eres el hijo de Dios, di que esas piedras se conviertan en panes. Más Jesús le respondió: no sólo de pan vive el hombre, sino de toda palabra o disposición que sale de la boca de Dios. Después de esto lo condujo a Jerusalén, lo puso sobre lo alto del templo y le dijo: si eres el hijo de Dios, échate aquí abajo, pues está escrito: que te ha encomendado a sus Ángeles, los cuales te tomarán en sus manos para que tu pie no tropiece con piedra alguna. Jesús respondió: también está escrito: no tentarás al Señor tu Dios".

Hiena detuvo la lectura y le preguntó a Sergio si se aburría de la charla y este le dijo que no, y que por favor continuara con la explicación.

-*"Otra vez le pasó el diablo a un monte muy alto, y le mostró todos los reinos del mundo, y su gloria, y le dijo: todo esto te daré si postrado me adorares, entonces Jesús le dijo: ¡vete Satanás!, que también está escrito: al Señor tu Dios adorarás y a él, sólo servirás"*.
-Bueno, a qué quieres llegar con todo esto. Igual los escándalos de pederastia, de poder desmedido de la Iglesia se cuentan por miles, por uno engañaron a la humanidad, no hay porque creer en ellos.
-No, lo que yo digo, es que hay algunos, no los altos jerarcas, pero si algunos sacerdotes, que nadie conoce, que hacen milagros, que quizás ellos si pueden pasar cuarenta días en el desierto orando y ayunando. Ellos son a quienes Satanás va a tentar, y no los va a tentar como lo hizo con Jesucristo, prometiéndoles cosas banales, los va a tentar con el material del que estamos hechos. Los tentará con carne, y ante eso son muy pocos los que se soportan. Cuando tenemos una mujer muy linda al frente, nos caemos, simplemente nuestra voluntad se doblega ante ellas, y de eso si se ven casos a granel.
-Tienes casos de esos.
-Por ahora tengo dos, pero si la vida me alcanzara para leer todos los que han ocurrido, te daría miles. ¿Quieres verlos?, aquí los tengo anotados.
-Léelos pues.
Hiena bebió lo que quedaba de la media taza de café, porque notaba que se estaba enfriando demasiado. Tomó un poco de aire, miró entre sus letras menudas y encontró una escrita por Dostoievski que decía:

Una niña, le dice a un religioso, estando en un monasterio:
"¿Por qué se ha olvidado de todo?, cuando yo era pequeña me llevaba en sus brazos, jugábamos juntos, ha de saber usted que fue quien me enseñó a leer. Cuando marchó hace dos años me dijo que no me olvidaría nunca, que éramos amigos para siempre, ¡para siempre!, Y mírelo ahora, que

*tiene miedo de mi como si me lo fuera a comer. ¿Por qué no
se acerca y por qué no habla?, ¿por qué no viene a vernos?
No será porque usted se lo impida, pues ya sabemos que va
a todas partes. No está bien que yo le invite, debería ser él
quien se acordara, si es que no se ha olvidado de todo. No,
¡ahora se cuida únicamente de su salvación!, ¿por qué lo
hace usted ir vestido con esos hábitos de largos faldones?,
cuando corra se caerá[i]."*

-No hay forma de contextualizarse totalmente de la
conversación, tendría que hacerte leer el libro: "Los
hermanos Karamazov", de Dostoievski, pero básicamente
puedes ver que Satanás tienta a los religiosos que
realmente están en la gracia de Dios y que únicamente
están buscando su santidad. Te voy a leer otro ejemplo.

Otro movimiento en la hoja de Hiena fue suficiente, pues
tenía un mapa mental acerca de las notas de su hoja, y las
había clasificado de forma que le fuera fácil encontrar la que
buscaba.
-Esta es de un libro de Mario Mendoza, te la voy a leer:
    -Sé que le gustó padre, quiere tocarme, acariciarme.
    -Estás equivocada.
    -Aproveche padre, tóqueme por donde quiera. (Mendoza,
2012, p.97).

-De modo amigo, que para nosotros puede que no haya una
tentación muy grande pues somos pecadores mundanos,
somos piezas insignificantes para Satanás, pues ya nos
considera caídos. Para él son importantes los religiosos, no
importa de la religión que sean, que realmente son justos y
buscan la santidad, a ellos él busca metérseles en su
pensamiento, a los ascetas, y como estos no van a caer con
cosas materiales los buscará con carne viva, con el deseo
que cualquier hombre difícilmente puede negarse, la Lujuria.
-Entonces, debemos ser como ellos. Irnos al desierto o al
monte a meditar y tratar de controlar nuestro pensamiento
de modo que sólo veamos el sol, la naturaleza, la esencia
de la vida, sin ir a pensar en nuestros deseos mundanales.

-Tal vez, eso es difícil Sergio, con que seamos justos es un buen logro, no importa la religión a la que pertenezcamos, Dios nos dará criterios para comportarnos con justicia, lo que creo que debemos hacer, en caso de que estemos dispuestos a encontrar el camino de la justicia es buscar a alguno de ellos, porque tal vez nos puedan ayudar y darnos pautas de comportamiento para poder ir por el mundo sin caer en tentación.

-¿Y dónde vamos a ir a buscarlos?, si están en el monte, otros en el desierto y son anacoretas asociales.

-En las iglesias, quizás de pueblitos que nadie conoce, por ejemplo: en Motavita hay un sacerdote que expulsa demonios, a él Dios lo facultó para eso. Él no cobra y no desea ser famoso, su templo no ostenta lujo ni poder, porque sabe que es en la humildad y en la oración donde puede realizar su misión. Como él, hay muchos, y también los hay en otras iglesias, pero lo que es notable en ellos, son los votos de pobreza, de modo que si quieres fiarte de un sacerdote, lo primero que debes fijarte es que no cobre por sus servicios.

-Gracias por tus consejos Hiena, no creo que hayas cambiado tanto, te voy a hacer una última pregunta: ¿cómo saber cuándo alguien está poseído?

-Míralo a los ojos, y te darás cuenta que no te fijan la mirada o si te la fijan, sientes que es otra persona la que te mira, ese es uno de los primeros síntomas; igual todo el mundo no lo puede hacer, solamente aquellos a quienes Dios facultó para eso.

-¿O sea que Dios a ti te facultó para expulsar demonios?

-No, a eso le tengo miedo, soy un pecador y si me pongo en esas se me pueden meter a mí, con que simplemente vea quienes están llenos de demonios y de maldad me es suficiente, al menos tengo la facultad para mantenerme alejado de ellos, eso es todo.

Antes de que Sergio dijese alguna palabra, Hiena terminó su temática diciendo:

-No sé si Pin Pon esté poseído o no, pero lo que te digo con seguridad es que es malo, es dañado, y tarde o temprano te va a traicionar. Si sigues de amigo de él, sufrirás por acto de él, así que ten mucho cuidado. Yo no sé en qué momento te volviste su amigo.

-Él es mi amigo, nunca me va a traicionar, así como tú eres amigo de Suricato, yo soy amigo de él, en la vida son muy pocos los amigos, él y tu son los únicos amigo que tengo.

-Como tú digas, yo sólo cumplo con avisarte.

Después de eso, Hiena dobló la hoja nuevamente en las ocho partes, Sergio notaba que la hoja no tenía ya espacios en blanco y le preguntó:

-¿Qué son todas esas frases que tienes en esa copia?

-Son frases que me parecen importantes de libros, una vez las leo las voy consignado en la hoja y ya se llenó, este es mi nuevo hobbie.

-¿Qué más autores tienes en tu hoja?

-Muchos: Dostoievski, Mario Mendoza, Jorge Franco, Vallejo, Tolstoi, Hesse, Fidel Castro, Camilo Torres, Víctor Hugo, y otros que en este momento no recuerdo, pero que son muy buenos, no hablo de esto con ninguna mujer porque son muy pocas las que gustan de esto, pero a algunos conocidos les hablo sobre libros.

-Trataré de pensar lo que me dices, pero igual por ahora me dedicaré a ser el padrón de los conejos y a tener a Ibeth, tal vez en algún momento haga hogar con ella.

Hiena se sintió aturdido una vez escuchó ese nombre, recordaba aquel escultural cuerpo que no veía desde la muerte de Rónal, esos bucles ondulados, su piel canela, sus ojos color miel y la cintura que hacía perfecto encaje con las piernas rectas que lo hacían doblegar. Recordaba esos pobres sacerdotes orando fuertemente ante aquellas tentaciones, lo mismo sentía cuando pensaba en Ibeth, quien era más linda que Jessica.

Después de un rato los dos salieron y al haber caminado una cuadra, Hiena manifestó que quería devolverse a jugar billar con uno de los maestros del pueblo. Se despidió y se fue a batirse en duelo billarístico contra el maestro Yiyo.

VISITA A UNA PRISIÓN

*"No miento. Supongo que se trata de una habilidad especial.
Ya sabe, un asesino reconoce a otro y ese tipo de cosas.
Uno se familiariza con la muerte y la agonía Cowart, y
puede llegar a interpretar los indicios"*
John Katzenbach.

En un operativo contra una cadena de compraventas que funcionaban en el oriente Colombiano y que aparentemente servían de lavaderos de dinero ilícito, detuvieron al propietario que se llamaba Julián, quien era amigo de Sergio, porque le compraba todas las cosas que él robaba.

Pese a ser ladrón y tener mala fama en el pueblo, Sergio era fiel a sus amigos, así que decidió ir a la cárcel a visitar a Julián. Mientras caminaba hacia la cárcel, se encontró en su trayecto a Hiena, quien no tuvo problema en parar a saludarlo porque lo estimaba.
-¿Para dónde vas, viejo Hiena?- preguntó Sergio, después de estrecharle la mano.
-Voy a dejar estas arepas de maíz pelao en la casa, son para el desayuno de mañana, y tú, ¿para dónde vas?
-Voy a la cárcel a visitar a Julián, ¿quieres ir? Allá hablamos con los reclusos y ellos agradecen que uno vaya a cambiarles el ambiente.
-Listo, espere entro a la casa, dejo las arepas y salgo.
-No lleves ropa gruesa, sólo camiseta para que no te pongan problema al entrar.

Hiena salió unos dos minutos después y se dirigieron a la cárcel municipal. Cuando ingresaron al pasillo principal les preguntaron:
-¿A quién vienen a visitar?
-A Julián- respondió Sergio.
-¿Y tú a quién?- preguntó el guardia, mirando a Hiena.
-También a Julián.
-No pueden entrar los dos, sólo se permite la entrada de dos personas por recluso y adentro hay otro visitando a Julián.

-Usted no puede ingresar- asintió el guardia
-Entonces escríbale que va a visitar a Juan David- comentó otro guardia que estaba cerca.
-Listo, aquí queda que usted entra a visitar a Juan David.

Ingresaron a un patio pequeño en el que estaban unos 25 reclusos con sus respectivos visitantes. Hiena se sintió extraño en aquel lugar, aunque no conocía a nadie sabía que debía permanecer callado, pues en lugares de bandidos lo mejor era guardar silencio. Divisó a un recluso con peinado de sietes, a quien le decían "el paisa", que tenía una chaza en la cual vendía cigarrillos, dulces, galletas, chocolatinas y algunas golosinas.

Hiena y el paisa se miraron a los ojos, desde la infamia humana, como cuando se miran dos bandidos y saben que les ha tocado vivir la maldad. Desde el octavo círculo del infierno, lugar que cancerbero cuida pero que algunos osados escapan, en su intercambio de miradas veían que portaban maldad y malas experiencias a granel. Después de una corta mirada el paisa interrumpió el silencio y dijo:
-¿Cómo vamos parcerito?, ¿qué se te ofrece?
-No pues, dame un Belmont.
-Aquí lo tienes, te cuesta quinientos pesos.
-Huy marica adentro de la cárcel valen a quinientos, allá afuera valen 200- dijo Hiena mostrando asombro.
-Así es parcero, a mí me toca votarle una liga a los tómbos pa que me dejen trabajar, esa liga toca sacarla de ahí.

Hiena aspiró profundamente una bocanada de humo del Belmont, mientras le devolvía el encendedor al Paisa, quien lo puso en un borde de la caja y luego preguntó:
-¿Cuál es Julián?
-Mira ese que se acaba de encontrar con Sergio, ese es Julián, vos venís a visitarlo a él.

Hiena se empezó a reír y le dijo:
-Pues venía a visitarlo a él y como ya estaban llenos los dos cupos para él, entonces me anotaron que vengo a visitar a Juan David, eso fue lo que me dijeron en la puerta

El Paisa respondió con una larga risotada y dijo:

-Vos me venís a visitar a mí, ¿acaso quién eres?

-Soy Hiena, y tú, ¿por qué llegaste aquí Paisa?

-Mira, vamos nos sentamos en el andén, con eso no tengo que andar dando tantas vueltas y la gente llega a comprarme ahí, y hablamos un rato, o ¿te tenés que ir para dónde Julián?

-No, ni siquiera lo conozco, estoy aquí porque me invitaron y quería ver cómo es una cárcel pequeña por dentro, sólo eso.

-Pues mírala- dijo el Paisa después de una risa irónica -esto no tiene nada que ver con las cárceles grandes, pero esta es una cárcel de pueblo y no joden por nada.

-¿Cómo así?, ¿acaso la cárcel Bellavista de Medellín es muy pesada?- preguntó Hiena con mucha curiosidad.

-¡Claro!, en las cárceles grandes toda la comida está llena de alcanfor.

-¿Y para qué es el alcanfor?

-Para que no se les pare, imagínate 4.500 que hay en bellavista con la hormona alborotada, cogen a los pocos gays que hay y los destrozan. Además para entrar en una cárcel grande toca pasar por varios filtros: censores de metales, unos perros antinarcóticos y una raqueta que te requisan hasta las guevas. Entrar a una cárcel grande es un martirio, aquí es una requisa leve, no tiene nada que ver.

Mientras algunas personas venían a la chaza del Paisa a llevar sus productos, el Paisa le preguntó:

-¿Qué haces aquí?, a ti se te ve que has vivido la calle, por la forma en que me miraste se te nota.

- He visto matar gente, he visto la muerte de cerca tantas veces que creo que Dios me va a permitir morir de viejo, yo fui de los últimos que habló con Rónal antes de que lo mataran.

En ese momento llegó Sergio y saludó al Paisa, después de estrechar su mano se sentó a su lado, entonces este le preguntó:

-¿Qué pasó con Julián?, ¿no vas a hablar con él?

-Está allá hablando con Chiri, me hizo señas que me abriera, parece que van a cuadrar alguna cosa, por eso mejor me vine para acá.

Después del saludo, el Paisa siguió diciéndole a Hiena.
-Vos has vivido la calle, cuéntanos a cuántos has matado.

Hiena quedó sorprendido, se dio cuenta que cuando dos personas han vivido cosas parecidas, se identifican fácilmente, y que el Paisa era un niño bueno a quien, en algún momento de su existencia, le dañaron su pureza y ahora se dedicaba a hacer el mal.
-No he matado a nadie- respondió -pero me ha tocado ver morir a varios.

Hiena les relató en detalle como vio cuando bajaron a un cuerpo moribundo desde uno de los balcones superiores de la Macarena en Bogotá, y les contó como aquel tirador de papas bombas que intentó matarlo, murió ese día.

El Paisa dijo:
-¿A quién más has visto morir?
-Una vez, después de beber mucha cerveza, en la 24 con décima en Bogotá, un tipo habló por celular y se lo guardó en el bolsillo, y una ratica se le acercó y le intentó sacar el teléfono, entonces el tipo sacó de la parte delantera de su pretina una pistola y le pegó un tiro en el cuello, ¡hubieran visto al ladrón morir!, las piernas y los brazos le temblaban como cuando uno le estira el pescuezo a una gallina, murió por intentar robar al que no debía
-¿Y vos qué hiciste?, ¿te quedaste mirando y ya?
-Sí, el tipo que lo mató me miró un momento y no dijo nada, se subió a un bus y se fue tranquilo, como si hubiera matado a una cucaracha.
-Entonces ese tipo ya estaba acostumbrado a matar, nadie reacciona así en un robo, a menos que sea un sicario profesional o un escolta acostumbrado a eso- respondió el Paisa alardeando de su experimentado trato con bandidos.

Después, Sergio tomó un cigarrillo de la chaza, lo prendió y luego de pasarle una moneda de quinientos al Paisa y de botar la primera bocanada de humo, le preguntó:
-¿Por qué estás aquí?, ¿es verdad que mataste a una vieja en Pereira?
-No la maté, le pegue dos tiros y la vieja no se murió.
-¿Cómo te cogieron entonces? - preguntó Hiena, mostrando una gran duda en las facciones de su cara.
-Pues cuando salí, el compañero que me tenía que recoger en una moto no apareció, pensé en salir corriendo pero ya los policías me tenían encañonado, me quitaron la pistola y no pude escaparme. Habían contratado a un inexperto de una moto y el desgraciado se asustó y no llegó a tiempo a recogerme, llegó un minuto después de que la policía me capturó, y se puso tan asustado, que él mismo se delató, y por eso lo capturaron.
-¿Dónde fue eso?- preguntó Sergio.
-En Pereira, en un centro comercial.
-¿Y a cuántos más has matado?- preguntó Hiena, que ahora mostraba una cara de sangre fría, como si nada de lo que contara su interlocutor lo conmoviera.
-No lo sé, Hiena, simplemente soy sicario a sueldo, me pagan por matar, de modo que no me pongo a contarlos.
-¿Y no te duele la conciencia?- profirió Hiena.
-Sólo me acuerdo del primero que maté, los demás han sido parte del bulto. Uno en la profesión de asesino se acuerda de su primer muerto, de las demás no.
-¿Cómo fue?- continuó Hiena.
-Esa noche yo estaba manejando el taxi, me llamaron y me dijeron que fuera que había un trabajo, me explicaron que tocaba matar a un hombre que estaba departiendo en una cantina con los amigos, me describieron como estaba vestido, así que entré a la cantina y apenas lo vi, le disparé. Ahí lo dejé y salí un poco asustado, porque era la primera vez que mataba. Después reclamé la plata y desde ese momento mi repertorio de muertos no ha parado. El jefe me dijo que tocaba matarlo a las diez y yo lo mate a las ocho y media de la noche. Le respondí que de todas maneras, ese día tenía que morirse. Él no me dijo nada.
-¿Has matado amigos?- preguntó Sergio.

-No, no he matado amigos, pero si toca pues uno los mata.

-¿Cómo así?, no hay lealtad- dijo Hiena.

-Ten cuidado Hiena, si te metes de bandido, debes saber que nunca hay que confiar en la palabra de un bandido, porque en cualquier momento te traicionan y te matan, recuerda la frase de la Biblia: "Maldito sea el hombre que confía en otro hombre" (Jeremías 17-5).

-Significa que en ese mundo de bandidos, narcos y sicarios, nadie confía en nadie.

-Nadie Hiena, simplemente tienes que tener el pensamiento de matar al que te toque. ¿Por qué crees que los carteles se caen?, normalmente empiezan a hacerse traición unos a otros.

-Y te piensas salir algún día de eso

-Tal vez sí, porque mis dos hijos son pequeños, tienen 3 y 5 añitos. Debo salirme del mundo de los bandidos para dedicarme a trabajar, además, este estilo de vida no es fácil, te espera la muerte o un canaso como me pasa en este momento. Pronto me iré por vencimiento de términos, de modo que dentro de poco quedo libre otra vez.

-Bueno, ojala puedas volver a ver a tus hijos- dijo Hiena.

Después del diálogo los interlocutores intercambiaron experiencias de robos presenciados o contados; hablaron de trucos que utilizan para escopolaminar a gente en las ciudades antes de robarlas. La charla pasó muy fluida y la mañana con ella, mientras el Paisa, casi vaciaba su chaza, el sol iluminaba el cenit y los interlocutores se despidieron. Hiena tenía una nueva experiencia que contar, su diálogo con un sicario.

Cuando salieron, Hiena le contó a Sergio que al siguiente día habría un partido importante de fútbol entre las divisiones inferiores del Santander y el equipo de Cercados, y le dijo que fuera al estadio ya que él era un gran seguidor del fútbol y para un aficionado nada más satisfactorio que ver en un estadio 22 guerreros buscando un triunfo.

-Mañana nos vemos entonces en el estadio- dijo Sergio.

-Está bien, allá nos vemos- asintió Hiena y se despidieron.

Al día siguiente, Hiena y Suricato asistieron al estadio, llegaron entre los primeros aficionados. El estadio, que tenía una sola gradería lateral y los demás lados de la cancha rodeados de muro, estaba aún muy solo y el sol de la tarde daba sobre la tribuna oriental que era la única que tenía dicho campo, afortunadamente los dos llevaron sus respectivas gafas oscuras para salvarse del intenso sol y poder disfrutar del cotejo. Poco a poco el estadio empezó a llenarse y todos se sentaban cerca de Suricato pues era un apostador neto y muchos de los tahúres se hacían cerca de él para jugarse la suerte. Al lado de Hiena se sentó un hombre al cuál había visto antes pero no recordaba donde, ese tono de voz y su estatura lo hacían pensar que lo conocía pero su memoria no le precisaba de cuándo ni de dónde. Como Sergio fue con Pin Pon al estadio, Hiena lo miró pero no lo saludó, pues lo que menos quería en ese momento era entrar en una riña que tenía pendiente con Pin Pon.

Suricato cazó apuestas por valor de un millón de pesos, dando el empate a favor del equipo visitante, y sus opositores le reunieron el millón de pesos. En caso de ganar simplemente se quedaba con la plata, en caso contrario debía devolver dos millones al representante de los demás apostadores.

El juego transcurría normalmente, pero en el segundo tiempo hubo una jugada discutida, pues uno de los laterales del equipo visitante obstruyó a un contrincante abriendo un brazo y golpeándole el rostro, el murmullo en la tribuna fue generalizado, todos alegaban. Hiena dijo:
-Eso era falta, el jugador abrió el brazo y le pegó.

El tipo del lado, quien no había hablado mucho durante el partido intentó hacer la misma forma en que el jugador había abierto el brazo y, con toda la intención, le golpeó a Hiena el rostro mientras le decía: ¿Cómo?, ¿así?

Hiena al sentir que su boca era golpeada por los nudillos de la mano de un desconocido, instintivamente arremetió a

golpes contra su ofensor. Después de propinarle una serie de puñetazos, recordó por medio de una frase que él dijo, quién era:
-Será que me va a dar miedo matar a un hijueputa, si ayer maté cuatro.

En ese momento supo quién era, se trataba de Eduardo, uno de los tipos que estaba el día que mataron a Rónal. Hiena recordó que esa misma frase la había pronunciado cuando entraron en la cantina pero ya Rónal no los acompañaba.

La pelea continúo y se necesitó la intervención de Suricato, Mandarino y el diablo para que Hiena detuviera la golpiza contra Eduardo. Al ver la rabia de Hiena, Suricato le gritó:
-Hiena… ¡cálmate!, ¡cálmate!, no te metas en problemas.
-Hiena ya, ¡quédate quieto!- gritaba el diablo mientras lo sujetaba de frente y le tenía los brazos.

Eduardo miró a Hiena, a quien en la golpiza se le habían caído las gafas, pero vio en su mirada demasiado odio, pensaba que si los demás no hubieran intervenido su cabeza hubiera terminado reventada contra el filo de la escalera, pensó que había sido un error pegarle a alguien a quien no había visto nunca, ignorando que Hiena si lo tenía presente.

Desde unos cinco niveles de escalera más arriba Pin Pon y Sergio observaron la pelea y Pin Pon dijo:
-Ojala maten a ese Hiena, se metió con un paraco, ahora si se muere.
-No digas eso, Hiena es mi amigo- prosiguió Sergio.
-Podrá ser tu amigo, pero ojala lo maten, con eso yo no lo tengo que matar.

Mientras Pin Pon rebuznaba palabras, Suricato se llevó a Hiena para una gradería lejana de donde estaba Eduardo, y una vez lo tuvo sentado y calmado le dijo:
-¿Por qué le pegó a Eduardo?, ese tipo es un paraco.

-Sí, yo sé que es un paraco, pero es un cobarde gatillerito, un sicario no es ningún héroe, es un bandido que toma por sorpresa a sus víctimas, pero que cuando les toca enfrentarlas a golpes se comportan como el más vil de los cobardes. Me pegó sin conocerme, ya no estamos para que nos peguen Suricato, igual ahorita nos vamos. Ya relájese.

El partido terminó con triunfo del visitante, Hiena y Suricato salieron rápidamente del estadio, y mientras salían, Hiena miró a Eduardo de lejos y le vio las sienes con pequeñas hematomas debido a los golpes, luego volteó la mirada hacia la puerta del estadio y salió con Suricato como si nada.

Hiena iba pensando en aquel cobarde que se adjudicaba la muerte de Rónal, porque había tenido la oportunidad de vengar la muerte de su amigo, pero no lo dejaron, con gusto le hubiera destrozado la cabeza estrellándosela contra los filos de las escaleras, pero la intervención de los amigos impidieron eso, ahora se trataba de una carrera contra el tiempo, pues era cuestión de horas para que Eduardo fuera a su casa y se armara y saliera a buscarlo para matarlo. Hiena no sentía miedo, simplemente sabía que su estadía en Cercados era muy corta y que no debía salir hasta el día siguiente cuando se fuera. Sin embargo cuando cruzaban el parque del pueblo se encontraron con Sergio, este saludo a Suricato con una pequeña indiferencia y le dijo a Hiena:
-Parcero, no le tenga miedo a ese hijueputa, si quiere le presto un fierro para que cargue, no se la deje montar de ese perro, yo no lo conozco pero si quiere se lo mato.

Hiena se dio cuenta que Sergio hablaba con rechazo refiriéndose a Eduardo, pero este no sabía que era el asesino de su hermano, pues en caso de que lo supiera, ya lo habría matado, sólo tenía conocimiento de que contaba los días esperando a que Pedro saliera de la cárcel de Bogotá para matarlo, pero ignoraba cuáles otros bandidos estuvieron implicados en la muerte de Rónal.

Mientras Sergio pronunció las palabras en contra de Eduardo, un desconocido que pasaba por allí y que los escuchó claramente, miró a Sergio fijamente, concentrándose en su rostro.

-Gracias- dijo Hiena mientras estrechaba la mano de Sergio. Hiena no le contó aquella escena que presenciaron él y Chiri, para evitar más peleas.

A las once de la noche del día siguiente, Hiena salía del billar y se dirigía a su casa, caminaba sin reparo con la vista de frente porque no temía una represalia de parte de Eduardo y no le encontraba sentido a la vida. Lo normal era que él mirara hacia adelante y tratara, de vez en cuando, de hacer miradas de reojo hacia atrás, simplemente para poder correr en caso de que un carro o una moto lo intentaran abordar, porque prefería morir a balazos y no torturado como era la costumbre de estos tipos (como lo había comprobado la noche de la atrocidad cometida contra Rónal).

Había avanzado unas cuadras cuando escuchó una voz femenina y conocida que lo llamó. Él giró su cabeza hacia atrás, y no le fue fácil creer que era Ibeth la que lo llamaba. La miró con detalle, vestía una licra de la cintura hacia abajo y un body le tapaba el busto; unos zapatos deportivos completaban la vestimenta de aquella preciosa mujer. Hiena sintió que no podía huir de ella, nunca la había tratado y no podía evadirla. Observó su cuerpo de guitarra, su busto perfecto, sus piernas contorneadas. La analizó sin que ella se diera cuenta, y luego la saludó:

-Hola Ibeth, ¿cómo estás?

-Bien mi Hiena, ¿para dónde vas?

-Para mi casa, ya es hora de ir a dormir. ¿Tú a donde te diriges?

-Voy para mi casa, ¿será que me puedes acompañar?

Hiena reflexionaba el por qué, aquella mujer le pedía que la acompañara, si era la novia de su amigo Sergio. Se sentía en una gran deslealtad si no la acompañaba y le pasaba algo, entonces decidió acompañarla.

Mientras caminaban, Ibeth sentía la misma seguridad que experimentaba cuando caminaba con Sergio o con Suricato, y se preguntaba si por eso los tres eran tan amigos. Hablaron un rato, se contaron de dónde venía cada uno, y ella le preguntó a Hiena cómo era la vida en Bogotá, a lo que Hiena le respondió que simplemente estaba sumergido en la literatura, que conocía escritores de pequeños artículos y que soñaba con ser como ellos.

-Jairo, ¿te puedo hacer una pregunta?

Hiena se sorprendió, pues entre su grupo de amigos y las novias de ellos, nadie lo llamaba por el nombre. Con voz indiferente le dijo:

-Dime.

-¿por qué nunca tienes novia?- preguntó Ibeth, quien notaba actitudes totalmente varoniles en él y se sentía atraída hacia él. Le preguntó porque quería salir de la duda acerca de su sexualidad.

-Tuve una, con la cual soñé hacer hogar, duré como cuatro años con ella; un día cuando volví a visitarla se había ido y no dejó razón de para dónde iba. Desde ese día mi vida amorosa se acabó, lo que menos me interesa es tener novia o mujer, no le veo mucho sentido a la vida. Esa es toda mi historia afectiva.

-¿Por qué no intentas con otra?

-En Bogotá conocí una linda mujer que estudia en la universidad Distrital licenciatura en química. Dure como dos años andando para arriba y para abajo con ella, pero nunca tuve el valor de decirle que fuera mi novia. Creo que lo bueno que yo tenía, el amor que tenía para dar, se fue con Jessica. Ahora no tengo amor para dar.

-¿Quieres decir que por una mujer que te dejó?, por eso vas a estar toda la vida solo como un hongo.

-Creo que sí. Nunca tuve amor de ninguna mujer. Ella me hizo sentir querido por alguien, para después irse. Hoy ni siquiera sé qué decirle a una mujer para conquistarla, entonces creo que siempre me verás solo.

-Jairo debes darte una oportunidad con otra, sólo así revivirá el amor y olvidarás a esa mujer que te hizo daño.

Hiena sintió que no debía contarle nada más de su vida afectiva a Ibeth, porque quien revela su debilidad se expone a que la puedan usar contra él. Así que intentó revertirle el tema:

-¿Vas a hacer vida con Sergio?, ¿en algún momento te vas a ir a vivir con él?

-No lo sé, él se ha ido perdiendo en la vida mala del pueblo, ahora tiene fama de marihuanero y de ladrón, siempre anda armado, nadie lo controla. Tal vez si me vaya a vivir con él, es el hombre que amo.

Faltaban pocos metros para llegar a la casa de la mujer idolatrada por Hiena, así que Ibeth se le acercó y le dijo que la abrazara.

Hiena la abrazó, Ibeth le puso su rostro en el pecho. Esta escena duró poco tiempo. En ambos se experimentaba un sentimiento de fraternidad que fue roto de un momento a otro por un movimiento hacia arriba del rostro de Ibeth, ella quedó cara a cara con Hiena y este la besó. Mantuvieron un intercambio de besos que parecía no terminar. Hiena recordó aquellos momentos en los que se perdía en pasión con Jessica, así que hizo los mismos movimientos que hacía con ella, como acariciarla por encima de la ropa. Los senos prominentes de Ibeth le generaron una erección muy fuerte y por eso la apretó hacia él y en medio de los besos en el cuello y en la boca, le tocó el trasero. Ella correspondió al juego, las manos de Hiena tocando sus senos la hicieron respirar profundamente y sentir como su libido se aumentaba, siguió el mismo ritmo, y cuando Hiena metió la mano por entre la licra y le tocó la vulva, ella le cogió la mano, se separó de él y le dijo:

-Detente por favor.

-¿Qué tienes?

Ibeth agachó la cabeza y su acompañante quedó sorprendido, dudaba totalmente del proceder de aquella chica, porque no le había hecho ningún daño. Hiena, con ternura le levantó la cabeza a Ibeth para mirarla a los ojos y vio que estos estaban inundados. Entonces le preguntó:

-¿Qué tienes Ibeth?
-Estoy muy mal Hiena, no sabes cómo me siento. Ojalá tu vivieras acá, porque yo te diría que fueras mi esposo y nos largáramos. Llévame contigo.
-Sabes que no puedo, me tocaría conseguir trabajo, y nadie me lo da porque no me he graduado de la universidad, así que no puedo.

Ibeth lloró, se limpió los ojos y con su voz entre cortada le dijo:
-No sabes lo que sufro Hiena, todos los hombres me buscan para sexo, ninguno quiere nada serio conmigo, y eso me atormenta. Siento que nadie me valora.

Escuchar los reclamos y el disgusto de la chica lo tomó por sorpresa, ya que creía que no era lógico que una mujer tan bella sufriera por causas afectivas. No entendía por qué, si ella siempre tenía una jauría de admiradores acechándola.
-Mira preciosa, si no te valoras, nadie te va a valorar. Qué haces bebiendo en cantinas donde vienen sólo hombres y lo peor, no con buenas intenciones. No te cuidas, y te pones a beber con tu amiga, se emborrachan terminan en manos de algunos de los bohemios de la cantina. Mientras hagas eso, obvio ningún hombre te va a tomar en serio, mejor trata de ser juiciosa, de no tomar trago, y así, los hombres te van a ver con otros ojos. Recuerda que el primer paso para que los demás te quieran, es quererte a ti misma.
-Es inútil, ya estoy con mala fama en este pueblo que siendo chico, es un infierno grande.
-Entonces vete a otra parte; el mundo es mucho más grande que este pueblo, pero sólo cuando salgas de aquí lo notarás, si te quedas nunca conocerás las cosas hermosas que hay en otros lugares.
-Gracias por entenderme Jairo y discúlpame por dejarte iniciado.
-Tranquila, ojala algún día pueda llegar al punto de controlar hasta mis pensamientos.
-Hablas como si fueras un profesor de filosofía Hiena.
-Para eso estudio ciencias sociales, nos vemos mañana.

Él se despidió haciendo movimientos con su mano derecha en forma de abanico, no le dio un beso de despedida pues quería evitar otro momento intenso. Ibeth se despidió igual, introdujo la llave en la chapa y se perdió en la oscuridad del pasillo, tras el sonido de la puerta al cerrarse. Hiena se fue caminando, pensando en la traición que le hacía a su amigo, pero también analizando que no habitaba en él ninguna intención de hacer perfidia a su amigo, sino que era ella la que lo había iniciado todo. Aliviano su conciencia, activo en su caminar el mismo sistema de alarma que traía y llegó a su casa a dormir tranquilamente.

Al siguiente día Hiena partió hacia Bogotá y no volvió a saber de Eduardo, simplemente le llenaba su orgullo el saber que salía vivo de allí, y que se había demostrado lo que siempre creía, que un sicario no es ningún héroe, sino una granuja miedosa que toma descuidadas a sus víctimas, pero cuando le toca enfrentarlas a golpes se comporta como la peor de las escorias y huye como sanguijuela.

EL LATROCINIO

*"El asesino parece ya un hombre embriagado o un
Loco furioso, una vez ha traspuesto la línea fatal
parece complacerse en la idea de que no hay nada
sagrado para él".*
Fedor Dostoievski

La casa de Matachín era un edificio de tres pisos, construido cuidadosamente sobre un área de 20 metros por 10 metros, su primer piso era una bodega destinada para un supermercado y en el fondo se almacenaban grandes cantidades de productos sobre todo de frijol, que siempre tenía una demanda alta.

Matachín era un comerciante avaro que compraba a bajo precio y vendía a alto valor. Adquirir bultos para vender por libras era la estrategia de mercado más lucrativa que tenía él para agrandar su fortuna. Cada año unas mil toneladas de frijol pasaban por sus bodegas y estas le dejaban muy buenas utilidades, sin contar lo que le producía el supermercado, pero pese a tener mucha plata: calzaba chocatos artesanales para no gastar en calzado; su pantalón era de tela y siempre estaba vestido muy parecido; no tenía carro particular, sólo un camión que le rentaba unos 50 millones mensuales, y nunca salía de paseo. Su vida se limitaba a reunir dinero, él no se preocupaba del porvenir académico de sus hijos y los obligaba -cuando no estaban en el colegio- a ayudar en los oficios del depósito, porque pensaba que era mejor que aprendieran su forma de negociar.

Los tres hijos de Matachín no pensaban como él, cuando el viejo estaba en las tardes pendiente de la bodega de frijol, estos se quedaban atendiendo el supermercado y de paso, haciendo desfalcos en la caja, dinero que utilizaban los fines de semana para entregarse a la rumba, la lujuria, y los placeres. Los dos hijos mayores de Matachín, hombres, después de terminar sus estudios del colegio, al verse en libertad, dedicaban la mayor parte de su tiempo a hacer negocios pequeños, comprando frijol y vendiéndolo a su padre por un valor un poco mayor, estas ganancias después iban dedicadas a sus bacanales los fines de semana en el bar "mi cariño", por eso siempre estaban con sus bolsillos vacíos.

Matachín intentaba decirle a sus hijos que trabajaran y buscaba inculcarles la avaricia que él tenía, pero a ellos no les importaba eso, sus impulsos hormonales eran más grandes que cualquier deseo de superación económica, además sus cuerpos no les ayudaban para conquistar mujeres, pues todo el tiempo consumiendo harinas y fritos, género que ellos se convirtieran en unos bonachones no agradables al gusto de las mujeres del pueblo.

Los fines de semana había empleados, entre ellos Javi, un muchacho de la misma edad de la hija menor del dueño y amigo de ella, que hacía múltiples oficios como ordenar inventarios en el supermercado, dar instrucción a los coteros sobre la rotación de las existencias de grano, cancelar a los trabajadores y a los distribuidores.

Matachín nunca hacía transacciones bancarias bajo el argumento de que los bancos le robaban la plata a la gente y que si llevaba su dinero al banco, le cobrarían impuestos por las sumas tan altas que manejaba, así que todo su dinero era almacenado en una caja fuerte que estaba en el segundo piso y de la cual, muy pocos tenían conocimiento.

Javi se enteró de la existencia de la caja fuerte porque un día escuchó a la esposa de Matachín ordenarle a su hija menor que le bajara plata de allí, para pagar unas facturas.

Durante unos dos años Javi se tomó la confianza suficiente para aprender cómo funcionaban las cosas en aquel hogar y cómo el viejo ruin guardaba la plata en el segundo piso, pero necesitaba averiguar donde guardaban todo, pues planeaba robarlo.

Después de dos años de inteligencia, Javi logró que lo dejaran subir unas dos o tres veces, y observó que las escaleras daban a una sala y los cuartos estaban al fondo. Cuatro cuartos en un pasillo terminaban ese segundo nivel, y el último cuarto que tenía una ventana a la calle era donde estaba la caja fuerte. La confianza entre Javi y Juana, la hija de Matachín, aumentaba cada día. Javi se convirtió en el consentido de Juana, y aunque ella era novia de Ricardo, le contaba muchas cosas de su vida.

Durante ese año, Javi escuchó que la familia planeaba ausentarse un fin de semana a hacer una peregrinación al santuario de la Virgen del Carmen en Puerto Colombia, un municipio de la costa, y que su ausencia duraría cuatro días. Así que Javi se contactó con Pin Pon y con Sergio Gutiérrez, para que le ayudaran a cuadrar todo para el hurto que se realizaría la noche en que la familia viajara. La idea era entrar por la azotea, porque desde el techo del molino era fácil llegar a la azotea de la casa debido a las rejas de una ventana.

Esa noche viajaron todos, el cronómetro de la catedral marcaba las once, Schrich era el campanero, lo habían contactado a última hora debido a que necesitaban una persona que estuviera caminando y dando vueltas por esa esquina viendo que ninguna autoridad o persona se acercara y sospechara algo. Mientras tanto, los tres socios llegaron a la azotea de la casa, que tenía una lavadora, una alberca grande y mucha ropa colgada. Fueron al segundo piso, Sergio quedó sorprendido al ver la lujosa sala de aquella casa y quiso prender la luz para observar más detenidamente cada detalle de la sala, pero recordó que estaba en esa casa por un motivo de hurto y no de una visita.
-Abran el último cuarto, grito Javi, esa es la habitación de los viejos, allá debe estar el dinero.

Al ver que la chapa estaba cerrada y que no podían abrirla con facilidad, Sergio recordó que durante la inspección a la sala, había visto un portallaves colgado en la pared, así que decidió volver a la sala a tomar un manojo de unas veinte llaves, y les dijo:

-Toca probar una por una, hagámosle que hay tiempo.

Javi, al ver la marca de la cerradura y conociendo el sistema de chapas, escogió cuatro llaves de las cuales sabía que eran compatibles, por fortuna, la segunda que ensayó abrió la puerta. Una cama doble con mesas de noche por lado y lado, y un gigantesco armario que cubría toda una pared, eran parte de la habitación. Al entrar abrieron el armario y en la esquina inferior derecha estaba la caja fuerte; la sorpresa de los foráneos fue grande al ver las dimensiones de aquella caja: era de unos 90 centímetros de alto por 90 centímetros de ancho y su peso superaba los 50 kilos, de modo que se miraron unos a otros, pues trasladarla era muy complicado.

-¿Cómo movemos esto?- preguntó Pin Pon.

-Pienso que tocaría alzarla entre los tres aquí, y luego en la azotea la bajamos con lazos. Pero no tenemos lazos- respondió Sergio.

Javi, tras un impulso de alegría dijo:

-Abajo en el depósito hay lazos, si puedo entrar, los saco. Desde la azotea hasta el piso, son unos siete metros, espérenme voy por ellos.

Javi pudo ingresar al depósito, porque la puerta que lo separaba de las escaleras estaba abierta. Una vez allí fue a donde estaba el carrete del lazo y con el metro que siempre está pegado a la base para medir la cantidad de lazo que se vende, midió siete metros y los cortó con ayuda de la fosforera que portaba, luego midió otros siete metros y rápidamente subió. Cuando llegó al segundo piso encontró a Sergio observando cada detalle de la sala y le preguntó:

-¿Dónde está Pin Pon?

-Está allá, en la habitación.

-Vamos para allá, aquí tengo los lazos.

Entre los tres subieron la caja fuerte hasta la azotea, llegaron con un cansancio grande pues su físico de fumadores no les daba ventajas para esto. Una vez allí procedieron a amarrar la caja fuerte con los lazos, la subieron al borde del muro que medía más de un metro y empezaron a hacer el descenso del botín por la parte menos iluminada, pues temían que alguien pasara por allí y los viera. Aunque sabían que el campanero estaba pendiente.

Cuando terminaron de bajar semejante peso, Schrich les dijo:
-Yo pensé que ustedes abrían eso, la vaciaban y aquí repartíamos, nadie habló de sacar una caja completa.
-Sí, y usted nos dictaba la clave- respondió en tono sarcástico Sergio.
-Llevémosla a mi casa, la dejamos allá y mañana en la tarde la abrimos. A eso toca echarle pulidora- dijo Javi.
-Rápido- dijo Pin Pon, mientras se agachaba para meter los dedos por debajo de las patas de la caja e intentar levantarla.

Entre los cuatro llevaron la caja hasta la casa de Javi, luego la ingresaron a su cuarto, intentando no hacer ningún ruido, pues no podían despertar a su mamá. Luego se fueron y Javi quedó durmiendo con ese monstruo en su cuarto, y al día siguiente se aseguró de que su madre no ingresara a la habitación y espero pacientemente hasta el martes -que era el día en que ella se ausentaba- para poder intentar romper la caja fuerte. Mientras llegaba el martes los cuatro autores del latrocinio se reunían para hablar y hacer planes con el botín, resolvieron que hubiera lo que hubiera, lo repartirían en partes iguales y que cada uno se gastaría el dinero en lo que le pareciera mejor.

El martes siguiente, cuando la madre de Javi salió a trabajar, los socios llegaron y llevaron la caja fuerte hasta el patio de la casa, y allí, después de dos largas horas de esfuerzo lograron abrir la caja con ayuda de una pulidora. Al abrirla contaron todos los rollos de billetes que el avaro guardaba, había en total 110 millones de pesos. Los repartieron entre los cuatro, luego volvieron a subir los restos de la caja hasta el cuarto de Javi y a las 3 de la tarde, cada miembro de la nueva banda salió con 27.5 millones en su bolsillo. Esa tarde Javi se sentía el rey de los hampones, pues había logrado coronar parte de su sueño.

El miércoles, cuando Javi ingresó al depósito de Matachín, sin ningún tipo de escrúpulos le dijo a su jefe:
-Patrón, ¿cómo le fue en la costa?
-Nos robaron- contestó Matachín.
-Los robaron allá en la costa, ¿qué les quitaron?
-No… ¡nos robaron aquí! Entraron por alguna parte y se llevaron una caja fuerte y las joyas del cofre de mi esposa. Voy a poner una denuncia, yo sé que es Ñangas el autor de este robo.

A Javi lo reconfortaba la idea de que sobre él, ni sobre ninguno de sus amigos recayera alguna sospecha, o al menos eso le hacía creer su patrón. Pero ahora le habían sembrado una gran inquietud, si se llevaron unas joyas de la señora, ¿quién se había quedado con ellas?, ¿quién era el autor de la traición?, pues nadie informó en la repartición del botín acerca de unas joyas; de modo que a las seis de la tarde se fue para el billar a buscar a Sergio para preguntarle quién se había llevado las joyas y no le había participado del botín.
-Mira Sergio, yo sé que se llevaron unas joyas, eran más de 10 millones en joyas según palabras del viejo, ¿quién se las cargó?, fue usted o fue Pin Pon mientras yo cortaba los lazos abajo, así que me llevan en mínimo dos de esas joyas o tenemos un problema.
-A mí no me vengas a braviar, que no me conoces, voy a hablar con Pin Pon para preguntarle a ver si fue él, pero no me ha dicho nada, igual te tocaron 27 millones y medio, de que te quejas
-No me estoy quejando, pero ese Pin Pon es un tipo de no confiar, seguro él se llevó unas joyas y nunca avisó, así que no confíes en él.

Esa noche Sergio le preguntó a Pin Pon que si se había llevado unas joyas, y que donde las tenía. Pero Pin Pon negó rotundamente tenerlas. Más adelante lo que despertó sospechas acerca de la verdadera cantidad de plata que Pin Pon había obtenido del hurto, fue la forma desmedida en que derrochaba dinero en putas y trago, sin que pareciera acabársele la plata.

MALDITO SEA EL HOMBRE QUE CONFÍA EN OTRO HOMBRE

"En este mundo hay hombres que están pidiendo a gritos que les maten. Supongo que te habrás dado cuenta de ello. Les gusta jugar, se pelean con cualquiera si les abollan el parachoques de su automóvil, ofenden y humillan a personas cuya fuerza desconocen".
Mario Puzo

Aquella tarde, empezaba a ocultarse el sol en Cercados, cuando dos golpes irrumpieron en la puerta de la casa de los Gutiérrez. Lina al ver que todos los de su familia se encontraban en casa, se preguntó quién podría ser, pero antes de que reaccionara, desde el segundo piso se escuchó un grito de Sergio que dijo:
-Pin Pon, amigo, donde andaba, sigue.

Lina abrió la puerta.
-¿Qué hace Pin Pon?, ¿cómo está?
-Buenas noches- dijo Pin Pon tratando de que su saludo se extendiera a los miembros de la familia.
-Buenas noches contestaron todos, salvo Martín, quien nunca confiaba en Pin Pon.
-Siga, Sergio está arriba.
Pin Pon agradeció, mientras miraba a Martín con desconfianza y se daba cuenta que todos estaban viendo televisión. Cruzó el pequeño espacio que separaba la entrada de la escalera que conducía al segundo piso y subió. Cuando ingresó al cuarto de Sergio notó un olor a marihuana mezclado con pecueca, producto del abandono en el cuál se encontraba Sergio desde hacía dos semanas.
-Sergio, ¿por qué no has salido estos días, qué te pasó?
-No, usted sabe que me enganche con ese perro del Eduardo, es un gatillero, no le tengo miedo pero tampoco le quiero dar oportunidad de que me mate, por eso no he salido.
-Usted no se deje asustar de eso, desde que llegaron los paramilitares todos andan con miedo, pero ese Eduardo es

un bobo, recuerde que Hiena le dio esa golpiza y él no lo mató.

Una larga sonrisa adornó el rostro de Sergio y dijo:
-Voz no dejas de ocultar que le cargas rabia a Hiena, si lo quieres ver muerto, te va a tocar matarlo cuando vuelva.
-Pues cuando vuelva lo mato.
-De eso quería hablarte – dijo Sergio- Necesito que me ayudes a acabar con Suricato, necesito matarlo. En este momento no tengo otra necesidad distinta a la de matar a ese bribón.
-¿Por qué lo quieres matar?
-Se está comiendo a mi hermana y también se come a Ibeth, no puedo perdonarle eso, de modo que tengo que matarlo.
-Dime algo Sergio, a tu hermana María Victoria la están obligando, o a Ibeth la están obligando a ir a aparearse con él.
-Nadie las obliga, pero hemos sido amigos todo el tiempo, por amistad conmigo no debería haberse comido a Ibeth, él sabe que ella es mi novia.
-Ibeth no tiene dueño, es bonita y si ve a algún hombre que le gusta pues se lo come, ¿cuál es el problema con eso? Además no es tu novia, es una de tus mozas, así que no puedes exigirle nada, tal vez ella quiere ser tu novia y tú nunca la has tenido en serio.
-Yo no le estoy pidiendo que me dé sermones, lo que necesito es matarlo, pisoteó mi orgullo, de modo que necesito matarlo.
-Si lo matamos, Hiena nos va a matar, es una ley, son como hermanos, no has visto que cuando Hiena viene se la pasan juntos. Esperemos en diciembre que Hiena venga y los matamos a ambos.
-Pero es que la pelea no es con Hiena, es con Suricato.
-Pues sí, pero Hiena no va a permitir que le matemos al amigo, por él se hace matar, no te acuerdas que cuando uno de los dos pelea el otro intercede. Toca matarlos a ambos, además yo siempre he querido matar a Hiena.
-Quiero que salgamos ya a matarlo, nadie me tiene más ofendido que él.

-En diciembre Sergio, cuando estén ambos, como se la pasan todo el tiempo juntos, los cogemos en la cantina o en el billar, los matamos a ambos y nos quitamos los dos problemas de encima. Tú matas a Suricato, y yo mato a Hiena.

-Está bien, entonces dejemos esa vuelta para diciembre. ¿Usted qué, cómo va?

-Bien, me preocupa que usted no ha vuelto a salir, ¿qué le pasó?

-Desde que usted mató al odontólogo, me ha perseguido un sentimiento de culpa muy extraño, siento como si alguien me quisiera matar, además la encañonada que le puse a Eduardo allá en los Urapanes, complica la situación. Fue muy chistoso verlo como sudaba frío, pero siento miedo de salir.

-Eso de la muerte del odontólogo nadie lo lamenta, nadie lo lloró, ni siquiera era de aquí. La familia envió una funeraria para que se llevaran el cuerpo al Valle del Cauca, de donde era.

-Y entonces eso no fue relevante. Nadie dijo nada.

-Nadie, porque un muerto más en Cercados no es raro. Eso es algo a lo que estamos acostumbrados.

-Sabes que vino mi mamá, se fue hace como unas dos horas. Vino a decirme que me fuera con ella, que no quería que me mataran. Me dijo que me cuidara de todos mis amigos y de toda la gente que me rodeaba. Estaba muy preocupada, pero yo no sé por qué, creo que la situación no está como para que yo me vaya del pueblo. Me quedaré aquí, lo único que me queda es esperar que capturen a Eduardo.

-Nadie te va a matar Sergio, ¿quién va a querer matarte?

-Sólo temo un poco a Eduardo, que ande por ahí haciéndome cacería, como el gato a las palomas. Él es capaz de mimetizarse en la noche y en la oscuridad dispararme.

-Si te dispara, al menos morirás inmediatamente, no como hacen esos paracos con sus víctimas. A tu hermano lo arrastraron amarrado a un carro hasta que lo desmembraron, fue de las muertes más infames que he escuchado en este pueblo.

-Mira… ¿sabes quiénes estaban ese día en la cantina? Estaban Hiena y Chiri, ellos si saben quiénes fueron los que mataron a mi hermano, pero ninguno de los dos me contó nada. Después un tombo, que es mozo de Lina, me dijo que fueron Jairo y Pedro. Jairo fue comida de chulos en Chicamocha, entonces sólo me queda por matar a Pedro. Estoy esperándolo pacientemente, porque está en la cárcel modelo de Bucaramanga y el día que salga de allá, lo voy a rellenar de bala, le voy a cobrar la muerte de mi hermano, eso no se va a quedar así. No lo quiero asesinar por haber matado a mi hermano, lo quiero acabar por la forma tan cruel que lo hicieron. Él era bueno y no merecía morir así.
-Cuando salga entonces lo matas, no te afanes.
-Guardar odio es lo mejor que uno puede hacer, así como con los guerrilleros que mataron a mi papa, a uno lo mató el Ejército, al otro lo maté yo-. Decía Pin Pon -no sabes la alegría que sentí cuando le metí un tiro en el rostro. Cuando cayó se revolcaba como marrano en el matadero. Sentí gran felicidad de mandar al infierno al cabrón que me dejó sin mi padre.
-¿Cuánto lo esperaste para matarlo?
-Lo esperé trece años, a mis siete lo vi matar a mi padre y a mis 20 años lo maté. Él cargaba un reloj muy caro, así que se lo quité para que la gente creyera que fue por robarlo.
- ¿Qué sentiste Pin Pon?, ¿no te asustaste ni nada?, porque debe ser raro matar a alguien.
-Sentí una especie de escalofrío, pero igual llevaba gran parte de la vida planeando matarlo, de modo que a la vez sentí que me quitaba una carga de encima. Él era un guerrillerito que se creía dueño de todas las personas, por eso lo maté. Yo no experimenté más que escalofrío cuando lo vi patalear en el piso, y después me fui caminando como si nada pasara, pasé la esquina y ahí me recogieron, así que fue más fácil de lo que yo pensaba. No tuve que correr, no tuve que sentir que la gente me miraba, fue mi primer muerto y de ahí, como decimos los matones, sólo nos acordamos del primero, los demás son un número más.
-Yo no he matado a nadie. Al que quiero acostar es a Suricato, esperemos a ver qué siento yo.

-Yo maté a un supuesto guerrillero, ojala comprendan que los verdaderos forjadores de los paramilitares fueron ellos. La gente tarde o temprano tenía que levantarse en armas contra sus verdugos, o porque cree que llegaron aquí paramilitares, pues porque la gente ya no aguantaba más atropellos de la guerrilla.

-Si es cierto, pero igual salió peor la cura que la enfermedad, ¿ahora quién los va a correr a ellos?, vea lo que le hicieron a mi hermano.

-Aquí ya casi no quedan, creo que los únicos que quedan son: Eduardo y Chejo. Los demás, o están muertos o están en la cárcel.

-Y del flaco Julio, que era uno de los que andaba con ellos, ¿sabes algo de él?

-A Julio solo le importaba matar al tipo que lo secuestró, después de que Donal se fue, él se perdió del pueblo, nadie sabe dónde está, así que olvídese de él.

-Bueno, entonces no está tan pesada la vuelta.

-No, ahora uno se la pasa andando para todo lado relajado, no hay problema de nada.

-Entonces cualquier día salimos otra vez.

-Salgamos ahorita, y verá que todo está bien.

-Está bien, vamos para la calle.

Sergio se dirigió a su almohada y descubrió su revolver 38 y se lo puso en el cinto, se acomodó una chaqueta y dijo:

-Vámonos.

-Sergio, que vas a llevar un revolver. Ahora no está la vuelta para llevar revolver, yo llevo el mío, si llega a pasar algún inconveniente yo lo saco y quiebro al que toque. Tú andas muy paranoico y puedes sacar y matar a algún inocente.

-No, yo sin revolver no salgo, entonces dejemos así y nos vemos mañana.

-Vamos, camine. Vamos hasta la plaza y comemos una picada, luego nos devolvemos, además se ve que no estás comiendo bien, porque andas muy flaco. Vamos pero no lleves ese revolver.

Una cantidad de pensamientos se vinieron a la mente de Sergio. La confesión por parte de su amigo de que ya llevaba dos almas encima; la duda sobre el robo de las joyas de la casa de Matachín; las palabras de su madre que le decían que tuviera cuidado con él, igual que las de Javi. Pero esta vez su olfato de malandro no le funcionó, y después de analizar y repensar su decisión le dijo a Pin Pon.

-Vamos, pero si ves que hay algún brinco raro, tú sacas tu fierro y disparas.

-Tranquilo que nadie te va a querer matar.

Después de más de dos horas de diálogo entre los amigos, estos salieron de la casa y durante un rato hablaron de Ibeth, quien por su gran belleza era deseada por muchos hombres en el pueblo.

Al voltear la esquina y estar caminando al frente de la casa de Matachín, vieron que dos hombres asomaron por la cuadra de las casas de Lenocinio.

Un olor deletéreo reinaba en el ambiente, una jauría de perros que estaban en la esquina corrió, el can mayor y Orión iluminaban aquella noche de cercados, las calles estaban solas, la gente tenía temor a salir en las noches debido a los paramilitares, Sergio observaba a todos lados y le parecía que estuviera en otro pueblo, no entendía por qué estaba en semejante estado de paranoia.

-Me voy a ir de este pueblo, Pin Pon, le voy a decir a Ibeth que se vaya a vivir conmigo en Bucaramanga. Allá ayudándole a mi mamá tendremos trabajo, hogar, salario, todo. Me iré con ella, no importa si se ha acostado con más tipos, me iré con ella.

Mientras Sergio pronunciaba estas palabras, notó que los dos hombres que caminaban en sentido contrario a ellos, ya estaban a menos de tres metros, eran Eduardo y el Ñero. Instintivamente puso su mano derecha en la pretina del pantalón, buscando el revolver que no llevaba, pero el acompañante de Eduardo sacó rápidamente su pistola.

Mientras caía, Sergio vio a Pin Pon salir corriendo; recordó con tristeza las palabras de su madre, y se entregó a la muerte.

SÓLO EL PERDÓN ROMPE LAS ZAGAS DE VENGANZA

*"¡Adiós, si!.. ¡La libertad!.. ¡La perspectiva de
una vida nueva!.. ¡La resurrección entre los
muertos!.. ¡Minuto indescriptible!"*
Fedor Dostoievski

Cuando dos disparos se escucharon, Suricato se levantó de
su cama e instintivamente dijo: ¡Mataron a Gutiérrez!

Abrió la ventana y vio un carro con tres ocupantes que
bordeaba la salida hacia Chicamocha, y unos cincuenta
metros más allá vio un cuerpo que yacía en un pozo de
sangre. La gritería de las hermanas de Sergio le confirmaron
las sospechas e inmediatamente llamó a Hiena, pues sabía
el gran afecto que este sentía por Sergio.

Al primer timbrazo respondió Hiena, pues tenía el teléfono
celular en la mano esperando la llamada de una amiga. Se
sorprendió al ver que Suricato lo llamaba, cosa que
raramente ocurría.
-Buenas noches.
-¿Hiena?
-Sí, ¿qué hace Suricato?, ¿a qué debo el honor de su
llamada?
-Acabaron de matar a Sergio.

Un sentimiento terrible de dolor atravesó el corazón de
Hiena, no podía creer que los dos hermanos que lo salvaron
de morir, ahora estuvieran muertos. No dudó en pensar que
Pin Pon tenía algo que ver en la muerte de él, y le dijo a
Suricato.
-Pin Pon lo mató, ¿cierto?
-No. Creo que él no lo mató, pero si se lo puso en bandeja a
los paramilitares para que le dispararan, porque esta
semana vino varias veces el Ñero a llamar, y en varias
conversaciones escuché que dijo: "patrón esta semana le
matamos a ese man, el amigo va a colaborar, ya le
pagamos diez millones", Yo sabía que iban a matar a
alguien esta semana pero no sabía a quién, hasta ahorita

que escuche los tiros supe a quién era, ya que Dios lo tenga en buena parte.

-Gracias por avisarme Suricato. Me duele mucho esa muerte.

Hiena pensó en matar a Pin Pon, pero eso implicaba ponerle un eslabón más a la cadena de muerte y dolor que golpeaba a su tierra, era preciso perdonar.

Al siguiente día, Hiena fue a buscar a un amigo que estudiaba Ingeniería eléctrica en la Universidad Nacional de Colombia y que redactaba artículos para el Aucolito al igual que para una revista de Teusaquillo, empezó a contarle la historia de su pueblo a ver si se animaba a escribir un libro sobre la violencia de su tierra, ese es el libro que acabas de leer amigo lector.